**“ධම්මෝ හි වාසෙට්ඨා, සෙට්ඨෝ ජනේතස්මිං
දිට්ඨේ චේව ධම්මේ, අභිසම්පරායේ ච.”**

වාසෙට්ඨයෙනි, මෙලොවෙහි ත්, පරලොවෙහි ත්
ජනයා අතර ධර්මය ම ශ්‍රේෂ්ඨ වෙයි !

- අග්ගඤ්ඤ සූත්‍රය - භාග්‍යවත් බුදුරජාණන් වහන්සේ

නුවණ වැඩෙන බෝසත් කථා - 14

ජාතක පොත් වහන්සේ

(අසම්පදාන වර්ගය)

පූජ්‍ය කිරිබත්ගොඩ ඤාණානන්ද ස්වාමීන් වහන්සේ

ISBN : 978-955-687-111-1

ප්‍රථම මුද්‍රණය : ශ්‍රී බු.ව. 2560 ක් වූ වෙසක් මස පුන් පොහෝ දින

සම්පාදනය : මහමෙව්නාව භාවනා අසපුව
වඩුවාව, යටිගල්ඔළුව, පොල්ගහවෙල.
දුර : 037 2244602
info@mahamevnawa.lk | www.mahamevnawa.lk

පරිගණක අකුරු සැකසුම, පිටකවර නිර්මාණය සහ ප්‍රකාශනය :
මහාමේඝ ප්‍රකාශකයෝ
වඩුවාව, යටිගල්ඔළුව, පොල්ගහවෙල.
දුර : 037 2053300, 076 8255703
mahameghapublishers@gmail.com

මුද්‍රණය : තරංජි ප්‍රින්ට්ස්,
506, හයිලෙවල් පාර, නාවින්න, මහරගම.
ටෙලි: 011-2801308 / 011-5555265

නුවණ වැඩෙන
බෝසත් කථා - 14
ජාතක පොත් වහන්සේ
(අසම්පදාන වර්ගය)

සරල සිංහල පරිවර්තනය

පූජ්‍ය කිරිබත්ගොඩ ඤාණානන්ද
ස්වාමීන් වහන්සේ

මහාමේඝ
MAHAMEGHA

ප්‍රකාශනයකි

පෙරවදන

ජාතක පොත් වහන්සේ ඔබ කියවලා ඇති. කුඩා අවධියේත්, පාසලේදීත්, සරසවියේත්, පන්සලේ බණ මඩුවේත්, වෙසක් නාඩගමේත් අපි ජාතක කථා රස වින්දෙමු. නමුත් එහි සැබෑ අරුත කුමක් දැයි තේරුම් ගන්නට අප සමත් වූ වගක් නම් නොපෙනේ.

'නුවණ වැඩෙන බෝසත් කථා' නමින් ඒ ජාතක කථා ඔබේම භාෂාවෙන් ඔබට කියවන්නට ලැබෙන්නේ එයින් ඉස්මතු වන අරුතත් සමඟිනි. මෙහි අරුත් දැන එම කථාවත් මතක තබා ගෙන සත්පුරුෂ ගුණධර්ම දියුණු කර ගන්නට මහන්සි ගන්නේ නම් එය ජාතක කථාවෙන් ඔබට ලැබෙන සැබෑම ප්‍රතිඵලයයි.

හැම දෙනාටම තෙරුවන් සරණයි!

මෙයට,
ගෞතම බුදු සසුන තුළ මෙත් සිතින්,
පූජ්‍ය කිරිබත්ගොඩ ඤාණානන්ද ස්වාමීන් වහන්සේ
ශ්‍රී බුද්ධ වර්ෂ 2560 ක් වූ වෙසක් මස 31 දා

මහමෙව්නාව භාවනා අසපුව
වඩුවාව, යටිගල්ඔළුව,
පොල්ගහවෙල.

පටුන

14. අසම්පදාන වර්ගය

1. **අසම්පදාන ජාතකය**
   තමාගෙන් ගත් දේ නැවත නොදීම ගැන කථාව **09**

2. **පඤ්චගරුක ජාතකය**
   පංචකාමයට ගරුකොට එයින් ම වැනසුනවුන්
   ගැන කථාව **17**

3. **ඝතාසන ජාතකය**
   ජලයෙන් ගිනි මතුවීම ගැන කතාව **23**

4. **ඣානසෝධන ජාතකය**
   ධ්‍යානය පිරිසිදුව තබාගැනීම ගැන කථාව **28**

5. **චන්දාභ ජාතකය**
   කසිණ භාවනා වැඩූ තවුසාගේ කථාව **32**

6. **සුවණ්ණහංස ජාතකය**
   රන් පියාපත් ඇති හංසයාගේ කථාව **36**

7. **බබ්බු ජාතකය**
   ස්ත්‍රී මීයා හය කොට මස් කෑ බළලුන්ගේ කතාව **44**

8. **ගෝධ ජාතකය**
   බෝසත් තලගොයාගේ කථාව **53**

9. **උභතෝභට්ට ජාතකය**
   දේවදත්තගේ දෙපැත්තෙන් ම වැනසීම ගැන කථාව   **59**

10. **කාක ජාතකය**
    බෝසත් කපුටාගේ කථාව **63**

නමෝ තස්ස භගවතෝ අරහතෝ සම්මාසම්බුද්ධස්ස
ඒ භාග්‍යවත් අර්හත් සම්මා සම්බුදුරජාණන් වහන්සේට නමස්කාර වේවා!

01. අසම්පදාන ජාතකය

තමාගෙන් ගත් දේ නැවත නොදීම ගැන කථාව

පින්වතුනේ, පින්වත් දරුවනේ,

ඇතැම් අය අසරණ අවස්ථාවේදී තමන්ගේ හිතවතුන්, ඥාතීන් සොයාගෙන ගිහින් උපකාර ඉල්ලනවා. ඔවුනුත් තමන්ට හැකි අයුරින් උපකාර වෙනවා. ආපසු දෙන පොරොන්දුව පිට ඔවුන්ගෙන් විවිධ දේ ඉල්ලා ගන්නවා. නමුත් ඔවුන් තමන්ගේ දුෂ්කර කාලය අවසන් වුණාට පස්සේ පොරොන්දු ප්‍රකාර ලෙස යාළුමිත්‍රයන්ගෙන් නෑදෑයින්ගෙන් ගත් දේ ආපසු දෙනවා තබා ඔවුන් සමඟ කතාබහ කරන එක පවා නවත්තනවා. දැක්කොත් අහක බලාගන්නවා. මූණ නොදී මගහරිනවා. ඒ සියල්ල අයත් වන්නේ කෙළෙහිගුණ නැති අකෘතඥ අසත්පුරුෂකමට යි. එබඳු දුර්ගුණයෙන් යුක්ත දේවදත්ත ගැනයි මේ කතාවෙන් කියැවෙන්නේ.

ඒ කාලේ අපගේ භාග්‍යවතුන් වහන්සේ වැඩ වාසය කොට වදාළේ රජගහනුවර වේළුවනයේ. කෙළෙහිගුණ නොදත් දේවදත්ත භාග්‍යවතුන් වහන්සේට පන්න

පන්නා හිරිහැර කිරීම ගැන දම්සභා මණ්ඩපයට රැස් වූ භික්ෂූන් කතාබස් කරමින් සිටියා. ඒ අවස්ථාවේ අපගේ භාග්‍යවතුන් වහන්සේ එතැනට වැඩම කොට වදාළා. භික්ෂූන් වහන්සේලා තමන් කතා බස් කරමින් සිටි කරුණ භාග්‍යවතුන් වහන්සේට සැළකළා. භාග්‍යවතුන් වහන්සේ මෙසේ වදාළා.

"මහණෙනි, ඔය දේවදත්ත කෙළෙහිගුණ නොදත් අකෘතඥයෙක් වුණේ මේ ආත්මේ විතරක් නොවෙයි. කලින් ආත්මෙකත් ඔය විදිහම තමයි. කළ උපකාර වහා අමතක කළ කෙනෙක්" කියා වදාළා. භික්ෂූන් වහන්සේලා දේවදත්තගේ ඒ අතීත ආත්මයේ භාග්‍යවතුන් වහන්සේගෙන් බෝසත් අවදියේ ලද උපකාර අමතක කළ අකෘතඥ ජීවිතය ගැන කියා දෙන්ට කියා ඉල්ලා සිටියා. භාග්‍යවතුන් වහන්සේ මේ ජාතකය වදාළා.

"මහණෙනි, ගොඩාක් ඈත අතීතයේ මගධ රටේ රජගහනුවර එක්තරා මගධ රජෙක් රාජ්‍ය කරමින් සිටිනා කාලේ මහාබෝධිසත්වයෝ ඒ මගධ රාජ්‍යයේ ම සංඛ සිටුතුමා නමින් ප්‍රසිද්ධව අසූ කෝටියක මහා ධනස්කන්ධයකට හිමිකරුවෙක් ව සිටියා. ඔය කාලෙම බරණැස් නගරයේ පිළිය සිටුතුමා කියල ඒ වගේ ම අසූකෝටියක මහාධනයකට හිමිකම් කියන සිටුවරයෙක් සිටියා. මේ දෙන්නාම හොඳ යාළුවෝ.

ඔය මිතුරු සිටුවරු දෙදෙනාගෙන් බරණැස් සිටුවරයාට මහා ඇබැද්දියක් වුණා. ඒ හේතුවෙන් ඔහුගේ සියලු ධනස්කන්ධය ඔහුට අහිමි වුණා. ඔහු දිළිඳු වුණා. කාගෙන්වත් පිහිටක් නැති වුණා. අන්තිමේදී ඔහුට රජගහනුවර සංඛ සිටුතුමාව මතක් වුණා. තම

බිරිඳත් සමග බරණැසින් පාගමනින් ම පිටත් වුණා. රජගහනුවරට ගොහින් සංඛ සිටුතුමාගේ සිටුමැදුර වෙත ගියා. සංඛ සිටුතුමා "ආ.... මාගේ මිත්‍රයා ආවා නොවැ" කියල ඔහුව සාදරයෙන් පිළිගෙන සත්කාර සම්මාන කළා. කීපදවසක් ගත වුණා. සංඛ සිටුතුමා දවසක් තම මිත්‍ර පිළිය සිටුතුමාගෙන් මෙහෙම ඇහැව්වා.

"ප්‍රිය මිත්‍රය.... ඔබ මෙහි පැමිණියේ විශේෂ කරුණකට ද?" "අනේ මිත්‍රය.... මට මහා කරදරයක් ඇති වුණා.... මට ඒ කරදර විපත්වලින් සියලු ධනය නැති වෙලා ගියා.... අනේ මගේ මිත්‍රය.... මට උපකාර වනු මැනව."

"හරි.... හරි.... මිත්‍රයා.... මං ඉන්නවා නොවැ. භය ගන්ට කාරි නෑ. මං ඔය විපතින් නැගී සිටින්ට උපකාරී වෙන්නම්" කියල සංඛ සිටුතුමාගේ ගබඩාව ඇරලා හතළිස් කෝටියක රන්කාසි දුන්නා. ඒ වගේ ම අනිත් පණ ඇති නැති සියලු වස්තුවත් එක්රැස් කරලා හරියට එය දෙකට බෙදලා එයින් එක් කොටසක් ම පිළිය සිටුතුමාට දුන්නා. ඔහු ඒ ධන සම්පත් රැගෙන නැවත බරණැසට ගිහින් ආයෙමත් දියුණුවට පත් වුණා.

කල්යාමේදී රජගහනුවර සිටිය සංඛ සිටුතුමාට එකදිගටම කරදර ආවා. ඔහුටත් හැම දෙයක් ම නැති වුණා. සංඛ සිටුතුමාට බරණැස්නුවර පිළිය සිටුතුමාව මතක් වුණා. "ඔව්.... මගේ මිත්‍ර සිටුතුමාට අසරණ වූ වෙලාවේදී මං මහා උපකාරයක් කළා නොවැ. මගේ වස්තුවෙන් භාගයක් ම දුන්නා. දැන් ඔහුට සරුයි. මගේ අසරණකම දැකලා මටත් ධනය පරිත්‍යාග කරාවි" කියා සිතා බරණැස් නුවර පිළිය සිටුතුමා මුණගැසෙන අදහසින්

තම බිරිඳත් සමග පාගමනින් ම බරණැසට පිටත් වුණා. බරණැසට ගොහින් බිරිඳට මෙහෙම කිව්වා. "සොඳුරී.... ඔයා මාත් එක්ක මේ ඇතුළු වීදී ගානේ යන එක හරි මදි. මං මගේ මිත්‍රයා ළඟට ගිහින් පිරිවරත් සමග අශ්ව රථයක් එවන්නම්. එතකොට එන්ට බැරියෑ. එතෙක් ඔයා මේ සාලාවේ ම ඉන්ට"

ඉතින් සංඛ සිටුතුමා නගරයේ පිළිය සිටුමැදුරට ගිහින් රජගහනුවර සිට ඔබගේ මිත්‍ර සංඛ සිටුවරයා ඇවිත් ඉන්නවා කියලා දැනුම් දුන්නා. පිළිය සිටුවරයා ඔහුට එන්ට කියල කැඳෙව්වා. සංඛ සිටුතුමා තමා ඉදිරියට ආ විට වාඩිවෙන්ට කියලවත් කිව්වේ නෑ. වෙන පිළිසඳර කතාවක් කළෙත් නෑ.

"ආ.... මොකද මේ පැත්තේ ආවේ....?" කියල ඇහැව්වා.

"මට ඔබතුමාව දකින්ට හිතුනා. ඒකයි මං ආවේ"

"එතකොට දැන් ඔබ කොහේද නැවතිලා ඉන්නේ"

"තවම නවතින්ට තැනක් සොයාගන්ට ලැබුණේ නෑ. සිටුබිරිඳ අම්බලමක නවත්තලා මං මේ ආවේ"

එතකොට පිළිය සිටුතුමා මෙහෙම කිව්වා. "ඔබට මෙහෙ නවාතැන් දෙන්ට විදිහක් නෑ. මං ධාන්‍ය ටිකක් දෙන්නම්. ඒක අරගෙන ගිහින් කොහෙන් හරි තම්බගෙන කාලා යන එකයි තියෙන්නේ. ආයෙ මාව දකින්ට එන්ට ඕන නෑ" කියල දාසයෙකු ඇමතුවා. "මේ.... කොල්ලෝ.... මගේ මිත්‍රයාගේ කරේ ඇති වස්ත්‍රයේ පොට්ටනියක් කොට ගැට ගසාගෙන යන්ට සතර නැළියක වී දීපන්" කියල අණ කළා. එදා ම පිළිය සිටුවරයා තම ගබඩාවේ

රත් හැල් වී ගැල් දහසක් ගෙනැවිත් පිරෙව්වා. සංඛ සිටුතුමාගෙන් තමන් අසරණ වූ වෙලාවේ සතළිස් කෝටියක ධනය රැගෙන ආ, මේ කළ උපකාරය වහා අමතක කළ, අසත්පුරුෂ මහසොරා එතරම් උපකාරී මිත්‍රයාට සිව් නැළියක වී ලාස්සක් දුන්නා. දාසයා භාජනයකට වී ලාස්ස රැගෙන විත් බෝධිසත්වයන් ළඟට ගියා.

එතකොට බෝධිසත්වයෝ මෙහෙම සිතුවා. "මේ අසත්පුරුෂයා මගෙන් සතළිස් කෝටියක ධනයක් ලබාගෙන ඇවිත් දියුණුවෙලා දැන් මට වී ලාස්සක් ලැබෙන්ට සැලැස්සුවා. මොකද මං කරන්නේ? ගන්නවාද? ගන්නේ නැතුව ඉන්නවා ද? ම්.... නෑ.... මේකා කෙළෙහිගුණ නොදත් මිත්‍රද්‍රෝහියෙක් වෙලා කළ නීච වැඩේ නිසා මා සමග වූ මිතුදම බිඳ ගත්තා. ඉදින් මං මේකා දීපු වී ලාස්ස නොගත්තොත් මෙවැනි සුළු දේකට මාත් මිත්‍ර ධර්මය බිඳ ගත්තා වෙනවා. අඥාන පුද්ගලයෝ තමන් ලද ඉතා සුළුදෙය භාරනොගැනීම නිසා මිත්‍රභාවය විනාශ කරගන්නවා. මං එහෙම කරන්ට හොඳ නෑ. මට කරන්ට තියෙන්නේ මේකා දීපු වී ලාස්ස භාරගෙන මගේ අතේ තියෙන මිත්‍රභාවය පිහිටුවා ගන්න එක" කියල සිතුවා. ඉතින් බෝධිසත්වයෝ වී ලාස්ස කරේ දාන රෙද්දෙන් පොට්ටනියක් කොට බැඳගෙන ප්‍රාසාදයෙන් බැස හිමින් හිමින් අම්බලමට ගියා.

"ස්වාමී.... කිම.... අපගේ මිත්‍රසිටුතුමා මුණ ගැසී කිසිවක් ලැබුණාද?" "සොඳුරී.... අප මිත්‍ර පිළිය සිටුතුමා වී ලාස්සක් දීලා අපව අද ම අත්හැරියා."

"අයියෝ.... එතකොට ඔහුට අපගෙන් ලද

උපකාරය වටින්නේ වී ලාස්සක් ද? සතළිස් කෝටියක ධනයකට ගැලපෙන දෙයක් ද මේ!" කියල ඈ හඬන්ට පටන් ගත්තා.

එතකොට බෝධිසත්වයෝ ඇයව අස්වැසුවා. "සොඳුරී.... නාඬා ඉන්ට. මං ඒ වී ලාස්ස ගත්තේ වෙනත් අර්ථයක් සලකලයි. මං ඒකා සමඟ තිබූ මිත්‍රභාවය බිඳ ගන්ට භයෙනුයි මා සන්තකව තිබූ මිත්‍රභාවය තබාගන්ට යි මං ඒක ගත්තේ. ඒ නිසා ඔයා මොකො ද ශෝක කරන්නේ..?" කියල මේ ගාථාව පැවසුවා.

තමාට ලද සුළු දෙයකුත් පිළිනොගන්න අනුවණයෝ
නසාගනිති ඔවුන්ට ඇති සියලු මිතුරුදමත් එයින්
එනිසා මං මේ සුළු දේ ගත්තේ ඒ ගැන සිතාය
මා සතු වූ මිතුරුදමත් නොබිඳී පවතී කියාය

මෙහෙම කියද්දී සිටුදේවි හඬන්ට පටන් ගත්තා. එතකොට ම වාගේ සංඛ සිටුතුමා කලින් පිළිය සිටුතුමාට තමන් ධනසම්පත් භාගයක් ම පවරා දුන් අවස්ථාවේ ඔහුට දුන්නු දාසයෙකුට අම්බලමේ ඉදිරියෙන් යද්දී කව්දෝ හඬනවා ඇහුණා. සාලාව ඇතුලට ඇවිත් බලද්දී තමන්ගේ පෙර ස්වාමියා වූ සිටුතුමාත් සිටුදේවීත් දැක්කා. දැකලා ඔවුන්ගේ පා වැළඳ හඬා වැටුණා. "අනේ.... සිටුතුමනි.... ඔබතුමා මේ පළාතේ සැපත් වුණේ ඇයි?" කියල ඇහැව්වා. එතකොට සිටුතුමා සිදුවූ සෑම දෙයක් ම ඔහුට කිව්වා. එතකොට දාසයා මෙහෙම කිව්වා. "අනේ ස්වාමීනී.... දැන් ඒ ගැන සිතන්ට කාරි නෑ. දැන් අපි ඉන්නවා නොවැ. අපි දන්නවා නේ ඔබතුමා කවුද කියලා. හා.... හා.... දැන් අපට අනුකම්පා කර අපේ ගෙදරට සැපත් වෙමු" කියලා ඔහු තමන්ගේ නිවසට කැඳවාගෙන

ගියා. ගිහින් තමන්ගේ පැරණි ස්වාමිවරුන්ව සුවඳ දියෙන් නැහැව්වා. ආහාර අනුභව කෙරෙව්වා. "අපගේ පැරණි ස්වාමිවරු ඇවිත් ඉන්නවා... වරෙල්ලා!" කියල අනිත් දාසයන්වත් රැස් කෙරෙව්වා. ටික දවසක් ගත කළා. සියලු දාසයෝ රජමිදුලට ගිහින් යුක්තිය සාධාරණය ඉල්ලා සිටියා. රජු ඔවුන්ව කැඳවා කාරණය විමසුවා. ඔවුන් සියලු විස්තර රජ්ජුරුවන්ට පැහැදිලි කළා. රජ්ජුරුවෝ සිටුවරු දෙන්නාම කැඳෙව්වා. රජ්ජුරුවෝ ප්‍රශ්න කළා.

"සැබෑද සිටුවරය, ඔබ මේ පිළිය සිටුවරයා අසරණ වූ අවස්ථාවේ සතළිස් කෝටියක මහා ධනයක් දුන්නාද?"

"මහරජ්ජුරුවන් වහන්ස.... මගේ මිත්‍රයා මා ගැන සිහිකොට මගෙන් උපකාරයක් ලබා ගැනීම පිණිස රජගහනුවරට ඇවිත් මාව මුණගැසුනා. ඉතින් මහරජ්ජුරුවන් වහන්ස, මං හුදෙක් ධනය පමණක් නොවේ දුන්නේ.... ම සතු අවිඤ්ඤාණක සවිඤ්ඤාණක සියලු වස්තුව දෙකොටසක් වෙන්ට සමසේ බෙදලා එයින් එක් කොටසක් අඩු නැතුව දුන්නා."

"හ්ම්.... පිළිය සිටුවරය.... මොහු කියන මේ කාරණය සැබෑවක් ද?" "එසේය දේවයන් වහන්ස" "හ්ම්.... එතකොට මොහු තමාව සිහිපත් කොට තමා සොයා ආ අවස්ථාවේ මොහුට කරන ලද කිසියම් සත්කාරයක් සම්මානයක් තිබේද?" එතකොට ඔහු නිශ්ශබ්ද වුණා. "එතකොට ඔබ කළේ මොහුගේ කරේ දමාගෙන ආ රෙද්දේ ගැටගසාගෙන යන්ට වී ලාස්සක් දීම පමණක් ද?"

එතකොටත් ඔහු නිශ්ශබ්දව සිටියා. රජ්ජුරුවෝ ඇමතිවරුන් සමග මේ සම්බන්ධයෙන් සාකච්ඡා කළා.

රජතුමා පිළිය සිටුවරයාට ගැරහුවා. "එම්බල සිටුවරය, වහා යනු. ගිහින් සිටුනිවසේ ඇති සියලු සම්පත් සංඛසිටුවරයාට භාර දෙනු" එතකොට සංඛ සිටුවරයා රජතුමාට මෙහෙම කිව්වා.

"මහරජ්ජුරුවන් වහන්ස, මට අනුන් සතු වස්තුවෙන් පලක් නෑ. මං දුන්න දේ පමණක් මට නැවත ලැබුණාම හොඳටෝම ප්‍රමාණවත්." එතකොට රජතුමා බෝධිසත්වයන් ඔහුට දුන් කොටස ආපසු ලබා දුන්නා. බෝධිසත්වයෝ එය රැගෙන රජගහනුවරට ගිහින් පහසුවෙන් ජීවත් වුණා.

ඉතින් මහණෙනි, මිත්‍ර පිළිය සිටු වෙලා සිටියේ දේවදත්ත. සංඛ සිටුතුමා මම"යි කියා මේ ජාතකය නිමවා වදාළා.

02. පඤ්චගරුක ජාතකය

පංචකාමයට ගරුකොට එයින් ම වැනසුනවුන් ගැන කථාව

පින්වතුනේ, පින්වත් දරුවනේ,

අපගේ භාග්‍යවතුන් වහන්සේ මහා ආශ්චර්යවත් වූ පුරුෂ පරාක්‍රමයෙන් යුක්තයි. ඉතා පුදුම සහගත ඉන්ද්‍රිය දමනයෙන් යුක්තයි. භාග්‍යවතුන් වහන්සේ සැවැත්නුවර ජේතවනයේ වැඩ සිටිද්දී මෙහෙම වදාළා. "මහණෙනි, උරුවෙල් දනව්වේ අජපල් නුගරුක් සෙවණේ සිටිද්දී තථාගතයන්ව මුළා කරගැනීම පිණිස මාර දූවරුන් නොයෙක් වෙස් ගෙන පොළඹවා ගන්ට ආවා. ගහක වියළී ගොස් වැටුණු කොළයක් මහා සුළඟකින් ගසාගෙන යනවා වගේ ඒ තණ්හා, රතී, රගා යන මාර දූවරුන් පලවා හැරිය බව වදාළා.

මාර දූවරුන් භාග්‍යවතුන් වහන්සේව පොළඹවා ගැනීම පිණිස කරන ලද බිහිසුණු රංගනය අසා භික්ෂූන් වහන්සේලා පුදුමයෙනුත් පුදුමයට පත්වුණා. දම්සභා මණ්ඩපයේ දී මේ ගැන කතා කළා. "අහෝ.... ඇවැත්නි.... සම්මා සම්බුදුරජාණන් වහන්සේ මහා අසිරිමත් වන සේක. අනේ බලන්ට.... ඒ මාර දූවරුන් දුටු දුටුවන්ගේ සිහි විකල්වන තරමේ මනමෝහනීය දිව්‍ය රූප මවා පෙන්වා තියෙනවා නොවැ. අනේ අපගේ භාග්‍යවතුන්

වහන්සේ ඇසිපිය හෙළන මොහොතකටවත් ඔවුන්ගේ විප්‍රකාර දෙස නෙත් දල්වා නොබැලූ සේක. මොන තරම් ගාම්භීර සිල්වත් බවක් ද!"

භික්ෂූන් වහන්සේලා මෙසේ කතාබස් කරමින් සිටිද්දී අප භාග්‍යවතුන් වහන්සේ දම්සභා මණ්ඩපයට වැඩමකොට වදාළා. එතකොට භික්ෂූන් වහන්සේලා තමන් කතා කරමින් සිටිය මෙකරුණ භාග්‍යවතුන් වහන්සේට සැලකළා. භාග්‍යවතුන් වහන්සේ මෙසේ වදාළා.

"මහණෙනි.... දැන් තථාගතයන් සියලු කෙලෙස් ප්‍රහීණකොට සර්වඥතා ඥානය ලබා නොවැ ඉන්නේ. තථාගතයන්ගේ ඉන්ද්‍රිය සංවරය තුළ මාර දූවරුන් දෙස නොබැලීම පුදුමයක් නොවේ. මම බෝධිසත්ව කාලේ දිව්‍ය රූප සමාන අමනුෂ්‍ය ස්ත්‍රීන් දෙස කෙලෙස් වසඟව ඇස් ඇර නොබැලීම නිසා රජකම පවා ලැබුණා" කියා වදාරා මේ අතීත කතාව වදාළා.

"මහණෙනි, ගොඩාක් ඉස්සර කාලෙක බරණැස්පුරේ බ්‍රහ්මදත්ත නමින් රජ්ජුරු කෙනෙක් රාජ්‍ය විචාරමින් සිටියා. ඒ කාලේ බෝධිසත්වයෝ ඒ බරණැස් රජුගේ බාල පුත්‍රයා වෙලා උපන්නා. මේ පුත්‍රයාට වැඩිමහල් සහෝදර කුමාරවරු අනූනව දෙනෙක් ඉන්නවා. ඒ නිසා බෝසත් කුමාරයාට තමන්ගේ අනාගතය ගැන දැන ගන්ට ඕනෑ වුණා. දවසක් කුමාරයා මාළිගාවේ දන් වළඳින්ට වඩින එක්තරා පසේබුදුවරයන් වහන්සේ නමකට දානයක් පූජා කරගත්තා. "ස්වාමීනී, මට මේ රටේ රජකම ලැබෙනවා ද" කියල ඇහැව්වා.

එතකොට පසේ බුදුරජාණන් වහන්සේ මෙසේ වදාළා. "කුමාරය, ඔබට මේ රටේ රජකම හිමි නෑ. නමුත්

ඔබට තක්සලා නුවරට යාගන්ට පුළුවන් වුණොත් ඔබට තව සතියකින් රජකම ලබන්ට පුළුවනි.

"ස්වාමීනී, මං තක්සලාවට යන්නේ කොහොමෙයි?"

"කුමාරය.... ගමන සෑහෙන්ට දුරයි. සාමාන්‍ය පාරෙන් ගියොත් යොදුන් සිය ගණනක් යන්ට තියෙනවා. අමනුෂ්‍ය කාන්තාරය මැදින් ගියොත් බාගෙට බාගයක් ළඟයි. හැබැයි අමනුෂ්‍ය කාන්තාර ගමන නම් කෙටි වුනාට බොහෝම භයානකයි. ඔවුන් නොයෙක් මායා දක්වමින් රූප, ශබ්ද, ගන්ධ, රස, පහස යන පංචකාමයන්ට මුළා කරවා පුරුෂයින් ව මරා අනුභව කරනවා. මේ පංචකාමයන්ට වසඟ නොවී මනා සිහි බුද්ධියකින් යුතුව යාගන්ට හැකි වුණොත් නම් තොපට රාජකුමාරය රජකම නියතයි"

"ස්වාමීනී.... මට නම් පුළුවනි. මට ඉන්ද්‍රිය දමනයෙන් යුක්තව ගමන යන්ට පුළුවනි."

එතකොට ඒ පසේ බුදුරජාණන් වහන්සේ කුමාරයාට පිරිත් නූල්, පිරිත් පැන්, පිරිත් වැලි ආදිය දුන්නා. කුමාරයා ගමනට පිටත් වෙන්ට සූදානම් වෙද්දී කුමාරයාගේ යාළුවන් පස්දෙනෙක් ගමනට එක්වෙන්ට සූදානම් වුණා.

"මිතුරනේ.... නුඹලා මේ ගමනට සූදානම් වුණත් මට එක්කරගෙන යාමට පුළුවන් කමක් නෑ. මේ ගමන මහා අනතුරුදායකයි. රූප, ශබ්ද, ගන්ධ, රස, පහස යන පංචකාමයන්ට වසඟ වෙන දුර්වල ගති තියෙන අයව අමනුෂ්‍ය කාන්තාරයේ දී පහසුවෙන් ම අමනුෂ්‍යයන්ගේ ග්‍රහණයට පත් වෙන්ට ඉඩ තියෙනවා"

"අනේ.... කුමාරය.... අපිට අප ගැන විශ්වාසයි. අපගේ සිත් එහෙම පංචකාමයට වසඟ වෙන්ට දෙන්නේ නෑ."

"හොඳයි.... තමන් ගැන වගකීම තමන් ම දරනවා නම් මගේ අකමැත්තක් නෑ. එහෙනම් යමු."

කෙමෙන් කෙමෙන් මේ පිරිස ගම්මාන පසුකොට කාන්තාර අඩවියට පැමිණුනා. කාන්තාරයේ අධිගෘහිතව සිටි මිනීමස් කන යකින්නියන් මේ අළුත් ගොදුරු ඩැහැ ගන්ට මායා දක්වන්ට පටන් ගත්තා. කුමාරයා අර පස්දෙනාට නිතර නිතර මොවුන් මිනිස් ස්ත්‍රීන් නොව යකින්නියන් බව තරයේ කියා සිටියා. නමුත් රූපයට ආශා කෙනා යකින්නියගේ රූප මායාවට හසු වුණා. ශබ්දයට ආශා කෙනා ශබ්ද මායාවට හසු වුණා. සුවඳට ආසා කෙනා සුවඳ මායාවට හසු වුණා. රසට ආසා කෙනා රස මායාවට හසුවුණා. පහසට ආසා කෙනා පහස මායාවට හසු වුණා. ඒ පස්දෙනා ම යකින්නියන්ගේ ගොදුරු බවට පත් වුණා. එහි ප්‍රධාන යකින්නිය බෝසත් කුමාරයාව ගොදුරු කරගන්නා අදහසින් නොයෙක් මායා බස් දොඩමින් කුමාරයා පසුපසින් ගියා.

නමුත් කුමාරයා මනා සිහිනුවණින් යුතුව, පසේබුදුරජාණන් වහන්සේ ආරක්ෂාවට දුන් පිරිත් නූල් ආදිය තරයේ අල්ලාගෙන යකින්නියගේ චාටු බස් ගණන් නොගෙන දිගට ම තක්ෂිලාවට යනකල් ම පා ගමනින් ගියා. ගන්ධාර රටේ තක්ෂිලා නගරයට පැමිණි කුමාරයා අම්බලමක ලැගුම් ගත්තා. තමන් ඉන්නා තැන පිරිත් නූලින් රැකවල් දමා පිරිත් වැලි ඉස පිරිත් පැන් ඉස හොඳින් රැකගත්තා. ඒ නිසා ම යකින්නියට ළං වෙන්න

බැරි වුණා. නමුත් යකින්නිත් අත්හැරියේ නෑ. ඈ සිටියේ ඉතා පියකරු ස්ත්‍රියකගේ වෙස් අරගනයි. කාටවත්ම ඈ යකින්නියක් කියා සොයා ගන්ට බෑ. ඈ දෙවඟනක් වගේ ලස්සනට හිටියා. ඈ මිනිසුන්ට හැඟෙව්වේ කුමාරයාගේ බිරිඳ හැටියටයි.

එදා ගන්ධාර රජු තක්සලා නුවර ඇතු පිටින් වීදි සංචාරය කරද්දී අම්බලම ඉදිරිපිට රන්වන් පාටින් බැබළෙමින් සිටින අතිශයින් ම පියකරු ස්ත්‍රියක් රජුට දකින්ට ලැබුනා. සේවකයන් ලවා ඈ ගැන තොරතුරු සෙව්වා. ඈ කිව්වේ තමන් එතැන සිටින තැනැත්තාගේ බිරිඳ බවයි. නමුත් කුමාරයා මේ මිනිස් දුවක් නොව යකින්නියක් බව සියලු විස්තර ඇතිව තරයේ කියා සිටියා. එතකොට යකින්නිය අමනාප වෙලාවට ස්වාමිවරු බිරින්දෑලාට ඔහොම කතාකරන නිසා ඒවා ගණන් ගන්න එපා කිව්වා. රජ්ජුරුවෝ ස්ත්‍රී ලොල් කෙනෙක්. කුමාරයාගේ බස පිළිගත්තේ නෑ. "එහෙනම් මාළිගාවට එක්කරගෙන වරෙන්" කියා සේවකයන්ට අණ කළා. එදා රෑ රජු සමග යහන්ගත වූ යකින්නී රජ්ජුරුවන්ට නින්ද ගිය විට මහරාත්‍රියේ අනිත් යකින්නියන් ද කැඳවා ගත්තා. කුකුලන් බල්ලන්ගේ පටන් මුළු මාළිගාවේ ම සිටි මිනිසුන් ඇතුළු සියලු සතුන් කා දමා ඇට පමණක් ඉතිරි කොට පලා ගියා.

පසුවදා ඇමතිවරු ආවා. මාළිගාවේ කව්රුත් නැති පාටයි. ජනතාවත් රැස් වුණා. මාළිගා දොරටුව බිඳ ඇතුළට ගියා. හැම තැන ම තිබුණේ ඇට ගොඩවල් විතරයි. පණ පිටින් කවුරුත් නෑ. මේ සිදුවූ විපත දන්නා කෙනෙක් ඉන්නවා දැයි සොයන්ට පටන් ගත්තා. එතකොට කුමාරයා ගැන දැන ගත්තා. අම්බලමේ පිරිත් නූල් රැකවරණ සහිතව

සිටි කුමාරයා සෙයා ගිහින් විස්තර ඇසුවා. කුමාරයා යකින්නියන්ගේ මායාවල ඇති භයානකකම ගැන සියලු විස්තර කිව්වා. කුමාරයා බරණැස් රජ්ජුරුවන්ගේ පුතා නිසාත්, නුවණින් සලකා ඉඳුරන් රැකගැනීමෙන් ජීවිතය රැකගත් නිසාත් එය වීර පුරුෂයන්ගේ ලක්ෂණයක් කියා කුමාරයාට රජකම දුන්නා.

මහණෙනි, එදා කුමාරයා නුවණින් සලකා කටයුතු කිරීම නිසා ම යි ගන්ධාර රජු බවට පත්වුණේ. ඒ ගන්ධාර රජු වූ ඉඳුරන් සංවර කරගත් කුමාරයා වුණේ මම"යි කියා භාග්‍යවතුන් වහන්සේ මේ ජාතකය නිමවා වදාළා.

03. ඝතාසන ජාතකය

ජලයෙන් ගිනි මතුවීම ගැන කතාව

පින්වතුනේ, පින්වත් දරුවනේ,

යම් තැනක අනතුරක් ඇත්නම් එය වහා හඳුනා ගෙන එතැනින් ඉවත්වීම නුවණැත්තන්ගේ ලක්ෂණය යි. අනතුර දැන දැන ම එතැන ම රැඳී සිටියොත් ඒ හේතුවෙන් ඒ උදවිය මහත් විපතකට පත්වෙනවා. නොයෙක් පාඩු සිදු වෙනවා. මේ කතාවෙන් අපට ඒ ගැන දැනගන්ට පුළුවනි.

ඒ දවස්වල අපගේ භාග්‍යවතුන් වහන්සේ වැඩ සිටියේ සැවැත්නුවර ජේතවනයේ. ඔය කාලෙ ම එක්තරා භික්ෂුවක් ටිකක් ඈත පළාතකට ගොහින් බණ භාවනා කරගන්ට හිතාගෙන අපගේ භාග්‍යවතුන් වහන්සේගෙන් දහම් උපදෙස් ලබාගත්තා. ඊට පස්සේ ටිකක් ඈත පළාතක වනාන්තරයක කුටියක වාසයට ගියා. ඒ කුටිය ආසන්නයේ ම ගම්මානයකුත් තිබුණා. මේ ගම්මානයෙන් පිඬුසිඟා දානය ලබා ගෙන කුටියේ වාසය කරන අදහසින් වස් වැසුවා. මුල් මාසයේ ම පිණ්ඩපාතය පිණිස ගමට වැඩම කළ දවසක කුමක් හෝ දෝෂයකින් කුටිය ගිනිගෙන තිබුණා. තමන් ආපසු ඇවිත් බලද්දී කුටිය අළුවෙලා ගිහින්. එතකොට ඒ භික්ෂුවට ඒ කැලේ ඉන්ට

තැනක් තිබුණේ නෑ. ගම්වැසියන්ට ගිහින් මේ කාරණාව දැනුම් දීලා කුටිය සාදා ගන්ට උපකාර ඉල්ලුවා.

"අනේ.... ස්වාමීනී, අපට හරි කණගාටුයි සිද්ධ වෙච්ච දේ ගැන. අපි ඔය කුටිය හදලා දෙන්නම්. අපි මේ දවස්වල කුඹුරු වැඩ.... අනේ ස්වාමීනී.... වී ටික වපුරා ගන්නකල් ටිකාක් ඉවසන්න...." කියමින් ගම්වැසියන් තමන්ගේ වැඩපළවල යෙදුණා. වැසි තුන්මාසෙ ම ඒ මිනිසුන්ට කුටිය හදන්ට ලැබුණේ නෑ. අර භික්ෂුව ඉතාම දුකසේ මහන්සි වී පීඩාවෙන් යුක්තව වැසි කාලය ගත කළා. සුදුසු සෙනසුනක් නොලැබීම නිසා සිතේ සැනසීමෙන් බණ භාවනා කරගන්ට බැරි වුණා. ඒ නිසා චිත්ත සමාධි මාත්‍රයක්වත් ලබාගන්ට බැරිව ගියා. වස්කාලේ අවසන් වුණාට පස්සේ භාග්‍යවතුන් වහන්සේව බැහැදකින්ට නැවත ජේතවනයට පැමිණියා. භාග්‍යවතුන් වහන්සේට වන්දනා කොට එකත්පස්ව වාඩිවුණා.

"භික්ෂුව.... ඔබ දහම් උපදෙස් ලබාගෙන හුදෙකලාවේ ඉන්ට ඕනෑ කියල පිටත්ව ගියා නේද? ඉතින්.... බණ භාවනා කටයුතු කරගෙන සුවසේ ඉන්ට තැනක් ලැබුණා ද?"

"අනේ ස්වාමීනී.... සිතූ හැටියට කිසිම දෙයක් කරගන්ට බැරි වුණා. මං විශාල කරදරේක වැටුණා. මං දවසක් පිණ්ඩපාතෙට ගමට ගොහින් ආපසු එද්දි කුටිය ගින්නට පිච්චිලා. ඉතින් ගමේ පින්වතුන්ට මට ඉන්ට කුටියක් කරවා දෙන්ට කියලා ගිහින් කිව්වා. 'අපි හෙට කරන්නම්. අද කුඹුරු වැඩ.... අද වපුරනවා.... අද වතුර බඳිනවා....' කිය කියා කල් දැම්මා. ඒ නිසා මට කිසි දෙයක් කරගන්ට බැරි වුණා."

"භික්ෂුව.... ඉස්සර කාලේ තිරිසන් සතුන් පවා තමන්ට වාසය කරන්ට සුදුසු නුසුදුසු තැන දැනගෙන සිටියා. ඔවුන් තමන්ට පහසුව තියෙන තැන වාසය කළා. අනතුරු කරදර අපහසුව තියෙන තැන්වල රැඳුනේ නෑ. එතැන අත්හැර ගියා. ඉතින් එහෙම එකේ ඇයි ඔබට තමන්ට හිතසුව පිණිස හේතුවන හේතුනොවන තැන දැනගන්ට බැරිවුණේ?"

එතකොට ඒ භික්ෂුව තිරිසන් සත්තු පවා නුවණින් යුතුව කටයුතු කළ ආකාරය කියාදෙන්ට කියා භාග්‍යවතුන් වහන්සේගෙන් ඉල්ලා සිටියා. භාග්‍යවතුන් වහන්සේ එතැන සිටි භික්ෂූන් හට මේ ජාතකය වදාළා.

"මහණෙනි, ගොඩාක් ඉස්සර කාලෙක බරණැස් නුවර බ්‍රහ්මදත්ත නමින් රජ්ජුරු කෙනෙක් රාජ්‍ය කරමින් සිටියා. ඔය කාලේ බෝධිසත්වයෝ කුරුළු යෝනියේ ඉපදිලා සිය කුරුළු වර්ගයා අතර මහත් ප්‍රසිද්ධියට පත් වුණා. සෞභාග්‍යයකින් යුක්තව කුරුළු රාජයෙක්ව සිටියා. මේ කුරුළු රාජයා මහා කුරුළු පිරිවරත් සමග එක්තරා වනාන්තරයක වාසය කළා. ඒ වනයේ ස්වභාවිකව හැදුණු විශාල විලක් තියෙනවා. ඒ විල අයිනේ අතුපතර විහිදී ගිය මහා වෘක්ෂයක් තියෙනවා. ඒ වෘක්ෂයේ තමයි මේ කුරුළු රාජයා පිරිවර සමග ලගින්නේ. විල් ජලයට උඩින් පිහිටි අතු පතර මත බොහෝ කුරුල්ලන් ලගිනවා. ඔවුන් එහි සිට වසුරු හෙළද්දී ඒවා කෙලින්ම වැටෙන්නේ විල් ජලයට යි. ඔය විලේ මහා භයානක නපුරු නාගරාජයෙක් වාසය කළා. තම විලේ ජලය කුරුළු බෙටිවලින් අපවිත්‍ර වීම ගැන මොහු කෝපයට පත් වුණා. "මේකුන් මගේ වාසභවන වන මේ ස්වභාවික විලට බෙටි හලනවා නොවැ. මං විල් දිය තුළින් ගින්නක් මතු කර මේ වෘක්ෂය

ගිනි තබා විනාශ කරන්ට ඕනෑ. මේකුන්ව මෙතැනින් පළවා හරින්ට ඕනෑ" කියල සිතුවා.

ඉතින් මේ නාගරාජයා දවසක් සියලු කුරුල්ලන් ඒ ගසේ ලැගුම් ගත් රාත්‍රියක මහත් කෝපයෙන් යුතුව ඉස්සෙල්ලා ම ලිප මත තැබූ දෙයක් වගේ විල් දිය දැඩිලෙස උණුසුමින් රත් කෙරෙව්වා. ඊළඟට විලේ රත් වූ ජලයෙන් දුම් මතු කෙරෙව්වා. ඊට පස්සේ තල්කඳක් වගේ ගිනි ජාලාවක් මතු වුණා.

බෝධිසත්වයෝ ජලයෙන් ගිනි ජාලාව මතුවෙනවා දැක්කා. දැකලා මහා හඬින් කෑ ගසා කුරුල්ලන්ට මෙහෙම කිව්වා. "කුරුල්ලනේ.... ගින්නෙන් ඇවිලීගිය දෙයක් ජලයෙන් නිවී යාමයි මේතාක් කල් සිද්ධ වුණේ. දැන් මෙතැන වෙන්නේ මහා පුදුම දෙයක් නොවැ. ජලය ම ගිනි ගන්නවා. මෙතැන සිටීම මහා භයානකයි! ඉක්මණින් වෙන තැනකට පැන ගනිල්ලා!" කියල මේ ගාථාව කිව්වා.

බිය සැක නැති හොඳ තැනින් ම
මහා සතුරු බලවේගය මතු වී ඇත්තේ
විල් ජලයේ මැදින් මහත්
ගිනි ජාලා උඩට නැගී එයි මේ පැත්තේ
මෙතුවක් කල් අප ලැග සිටි
මේ රුක මත අද සිට වාසයක් නොමැත්තේ
අපට මහා විපතකි මේ
හනික පිහිට ඇති තැනකට පැන ගත යුත්තේ

මෙහෙම කියූ බෝධිසත්වයෝ තමන්ගේ බසට අවනත කුරුළු පිරිසත් රැගෙන වෙනත් තැනකට පළා ගියා. ගින්න තුළින් අපට කරදරයක් වෙන එකක් නෑ කියල සිතාගෙන බෝසතුන්ගේ වචනයට පිළි නොගෙන

ගහේ ම ළඟ සිටි කුරුල්ලන් මරණයට පත් වුණා.

මේ කථාව වදාළ භාග්‍යවතුන් වහන්සේ සසරේ ඇති භයානක බව පෙන්වා චතුරාර්ය සත්‍යය ධර්මය වදාළ විට අර භික්ෂුව උතුම් අරහත්වයට පත් වුණා. එදා බෝධිසත්වයන්ගේ බසට අවනත වූ කුරුල්ලන්ව සිටියේ දැන් බුදු පිරිසයි. කුරුළු රාජයා මම"යි කියා භාග්‍යවතුන් වහන්සේ මේ ජාතකය නිමවා වදාළා.

04. ඣානසෝධන ජාතකය

ධ්‍යානය පිරිසිදුව තබාගැනීම ගැන කථාව

පින්වතුනේ, පින්වත් දරුවනේ,

අපගේ භාග්‍යවතුන් වහන්සේගේ ධර්ම රාජ්‍යයෙහි මහා ධර්ම සේනාධිපතියෙක් සිටියා. ඒ මහා දහම් සෙන්පති වෙන කවුරුවත් නොවේ. ප්‍රඥාවෙන් අග්‍රව සිටි අපගේ සාරිපුත්ත මහරහතන් වහන්සේ යි. උන්වහන්සේගේ ප්‍රඥාව ගැන භාග්‍යවතුන් වහන්සේ පවා ප්‍රශංසා කොට වදාළා. මේ එබඳු කතාවක්.

ඒ දවස්වල අපගේ භාග්‍යවතුන් වහන්සේ වැඩ සිටියේ සැවැත්නුවර ජේතවනයේ. භාග්‍යවතුන් වහන්සේ සංකස්ස නගර ද්වාරයේ දී අප සාරිපුත්තයන් වහන්සේගෙන් ඉතා කෙටියෙන් දහම් ගැටළු පිළිබඳ අසා වදාළා. එතකොට සාරිපුත්ත මහරහතන් වහන්සේ ඒ දහම් ගැටළු ඉතාම ලස්සනට විස්තර වශයෙන් පවසා විසඳා වදාළා.

"සාරිපුත්තයෝ කෙටියෙන් කියන කරුණක් වුණත් අර්ථ වශයෙන් පැහැදිලිව විස්තර වශයෙන් තේරුම් ගැනීම කළේ මේ ආත්මේ විතරක් නොවේ. පෙර ආත්මයේ දීත් එහෙම තමා" කියා මේ ජාතකය වදාළා.

"මහණෙනි, ගොඩාක් ඉස්සර කාලෙ බරණැස්පුරේ

බ්‍රහ්මදත්ත නමින් රජ්ජුරු කෙනෙක් රාජ්‍ය කරමින් සිටියා. ඔය කාලේ මහාබෝධිසත්වයෝ බ්‍රාහ්මණ පවුලේ ඉපදුනේ. තරුණ වයසේ දී ම පැවිදි වුණා. මේ බෝසත් තවුසාට ශිෂ්‍ය තාපසයන් පන්සියයක් සිටියා. දවසක් බෝසත් තවුසාගේ ජ්‍යෙෂ්ඨ ශිෂ්‍ය තාපසයා කිසියම් කරුණකට බරණැසට පිටත් වුණා. ඔය අතරවාරයේ මහ තාපසතුමා අසනීප වුණා. හොඳට ම අසාධ්‍ය වුණා. එතකොට ඔහුගේ ශිෂ්‍ය තාපසවරු වට වෙලා මෙහෙම ඇහැව්වා.

"ආචාර්යපාදයෙනි, ඔබතුමා මෙතුවක් කල් ගත කළ තාපස ජීවිතයෙන් ලබන ලද්දා වූ කිසියම් දියුණුවක් තියෙනවා ද?"

එතකොට මහ තාපසතුමා මෙහෙම කිව්වා. "ඇත්තෙත් නෑ නැත්තෙත් නෑ" කියල. මේ කෙටියෙන් කියූ කරුණ විස්තර වශයෙන් අර්ථය දැන ගන්ට එතැන සිටි කාටවත්ම බැරි වුණා. ඔවුන් එකිනෙකා මුහුණට මුහුණ බලා ගත්තා. මහ තාපසතුමා දෑස පියාගෙන කලුරිය කළා. බෝධිසත්වයන් අරූප ධ්‍යාන වැඩුවත් පාරමී බලය නිසා අරූප තලයේ උපදින්නේ නෑ. ඒ නිසා එතුමා ආභස්සර ලොව උපන්නා.

නමුත් අර තාපසවරු මහ තාපසයාණන් ගැන කලකිරුණා. "හනේ.... බලන්ට, අපගේ ආචාර්යපාදයෝ.... නන්දොඩවා කලුරිය කළා. ඇත්තෙත් නෑ ලු. නැත්තෙත් නෑ ලු. කිසිම දියුණුවක් ලබා නැති පාටයි. ඒ නිසා අපි සාමාන්‍ය විදිහට ආදාහනය කටයුතු කරමු" කියල ඔවුන් සාමාන්‍ය ආකාරයෙන් අවසන් කටයුතු කළා.

මහ තාපසතුමාගේ ජ්‍යෙෂ්ඨ ශිෂ්‍ය තාපසයා

බරණැස සිට පැමිණියා. සිය ගුරුදේවයන් අභාවයට පත් වී ඇති බව දැනගත්තා. "අපගේ ආචාර්යපාදයෝ අවසන් මොහොතේ පැවසූ මොකුත් තියෙනවා ද?" "එසේය.... ඒ ගැන අපට හරි කණගාටුයි. ඇත්තෙත් නෑ. නැත්තෙත් නෑ කිව්වා නොවැ.... හනේ හපොයි.... ඔහොම නන්දොඩා අපවත් වුණේ" "අනේ ඇවැත්නි, එතැන ඇති නන්දෙඩවීමක් නෑ. අපගේ ආචාර්යපාදයෝ උතුම් දෙයක් කියා තියෙන්නේ. ඔහේලාට ඒක වැටහුණේ නෑ. උන්වහන්සේ පවසා තියෙන්නේ නේවසඤ්ඤා නාසඤ්ඤායතන යන අරූප සමාපත්තිය ලබා සිටි බවයි. සාධු.... සාධු.... අපගේ ආචාර්යපාදයෝ බඹලොව වැඩිසේක" කියල ජ්‍යෙෂ්ඨ තාපසතුමා දොහොත් මුදුන් දී වන්දනා කළා. නමුත් අනික් තාපසවරු එය විශ්වාස කලේ නෑ. ඔවුන් සිතුවේ ජ්‍යෙෂ්ඨ තාපසතුමාත් මුළා වෙලා ඉන්නවා කියලා. මෙය දුටු මහාබෝධිසත්වයෝ ආභස්සර බඹලොවින් ඇවිත් අහසේ වැඩ සිට තම බ්‍රහ්මරාජ විලාශය දක්වා මේ ගාථාව පැවසුවා.

සඤ්ඤාවට මුළාවෙලා සිටිනා කෙනෙක් ඇත්නම්
ඔවුන් හටත් මේ සමවත ලබාගන්ට බෑ
සඤ්ඤාවක් නැතිව සිටිනා තවත් කෙනෙක් ඇත්නම්
ඔවුන් හටත් මේ සමවත ලබාගන්ට බෑ
සඤ්ඤාවේ නැති බවත් සඤ්ඤාවේ ඇති බවත්
දෙකින් ම තොර මේ සමවත මහා සැපෙන් යුක්තයි
දොසක් නොමැති බලවත් වූ
එකඟ සිතින් යුක්තයි

කියලා තවුස් පිරිසට කරුණ වටහා ගැනීමේ නොහැකියාව ගැන පහදා දුන්නා. තම ජ්‍යෙෂ්ඨ ශිෂ්‍ය තාපසයා වහා එය වටහා ගැනීම ගැන ප්‍රශංසා කළා.

එතකොට ඒ තාපසවරු ජ්‍යෙෂ්ඨ තාපසයාගේ වචනය සත්‍යයක් බව පිළිගත්තා.

මහණෙනි, එදා ඒ තාපසයාගේ ජ්‍යෙෂ්ඨ ශිෂ්‍යයා ව සිටියේ අපගේ සාරිපුත්තයෝ. මහාතාපස ව සිට බඹලොව ගොස් නැවත අහසේ පෙනී සිට අවවාද කළ මහාබ්‍රහ්මයාව සිටියේ මං නොවැ" කියා භාග්‍යවතුන් වහන්සේ මේ ජාතකය නිමවා වදාළා.

05. චන්ද්‍රාභ ජාතකය

කසිණ භාවනා වැඩූ තවුසාගේ කථාව

පින්වතුනේ, පින්වත් දරුවනේ,

ඒ දවස්වල අපගේ භාග්‍යවතුන් වහන්සේ ජේතවනයේ වැඩ සිටියේ. එදා ජේතවනයේ දම්සභා මණ්ඩපයේ රැස් වූ භික්ෂූන් වහන්සේලා අපගේ ධර්ම සේනාධිපති සාරිපුත්ත මහරහතන් වහන්සේට ප්‍රශංසා කරමින් උන්වහන්සේගේ නුවණ ගැන කතා කරමින් සිටියා.

"ඇවැත්නි.... අපගේ ආයුෂ්මත් සාරිපුත්තයන් වහන්සේගේ ප්‍රඥා මහිමය නම් හරිම අසිරිමත්. අපගේ භාග්‍යවතුන් වහන්සේ සංකස්ස ද්වාරයේ දී ආයුෂ්මත් සාරිපුත්තයන් වහන්සේගෙන් ඉතාම කෙටියෙන් දහම් කරුණක් ගැන ප්‍රශ්නයක් අසා වදාළ විට ආයුෂ්මත් සාරිපුත්තයෝ කිසි පැකිලීමක් නැතිව හරි අගේට විස්තර වශයෙන් අරුත් මතුකොට පහදා දුන්නා නොවැ"

ඒ අවස්ථාවේ අප භාග්‍යවතුන් වහන්සේ එතැනට වැඩම කොට වදාළා. භික්ෂූන් වහන්සේලා තමන් කතා කරමින් සිටිය කරුණ ගැන සැළකළා. භාග්‍යවතුන් වහන්සේ මෙය වදාළා.

"මහණෙනි, සංක්ෂේපයෙන් පැවසූ දෙයක

අර්ථය විස්තර වශයෙන් වටහා ගැනීමේ හැකියාව අපගේ සාරිපුත්තයන් තුළ තියෙන්නේ මේ ආත්මයේ විතරක් නොවෙයි. මීට කලින් ආත්මවලත් තිබුණා" කියා භාග්‍යවතුන් වහන්සේ මේ ජාතකය වදාළා.

"මහණෙනි, ගොඩාක් ඉස්සර කාලෙක බරණැස්පුරේ බ්‍රහ්මදත්ත නමින් රජ්ජුරු කෙනෙක් රාජ්‍ය කරමින් සිටියා. ඒ කාලේ මහා බෝධිසත්වයෝ බරණැස ම වංශවත් බ්‍රාහ්මණ පවුලක උපන්නා. තරුණ අවධියේ ම ගිහි ජීවිතය අත්හැරියා. හිමාලයට ගොහින් තාපස පැවිද්දෙන් පැවිදි වුණා. කලක් යද්දී මේ බෝසත් තාපසයාණන්ට පන්සියයක ශිෂ්‍ය පිරිසක් ඇති වුණා.

දවසක් මේ මහතාපසතුමාගේ ප්‍රධාන ශිෂ්‍ය තාපසයා සිය ගුරුදේවයන්ගෙන් අවසර ගෙන ලුනු ඇඹුල් සෙවීම පිණිස දෙසිය පණසක තාපස පිරිසක් සමග බරණැසට පිටත් වුණා. ඔය අතරවාරයේ මහතාපසතුමා අසනීප වුණා. අසාධ්‍ය බවට පත්වෙද්දී අනික් තාපසවරු එතුමාව වටකරගත්තා.

"භවත් ආචාර්යපාදයෙනි.... මේ තවුස් ජීවිතයෙන් ලබන ලද කිසියම් ධ්‍යානයක් සමාපත්තියක් ඇත් ද?"

"සඳ එළියයි හිරු එළියයි" කියා නෙත් පියාගත්තා. මිනිස් ජීවිතයෙන් චුතව ආභස්සර බඹලොව උපන්නා. අර තාපසවරුන්ට මහතාපසතුමා කෙටියෙන් පැවසූ ගැඹුරු දෙය තේරුම් ගන්ට හැකියාවක් තිබුණේ නෑ. ඔවුන් එකිනෙකා මුහුණට මුහණ බලාගත්තා.

"හප්පේ.... මදෑ.... මෙතුවක් කාලයක් භාවනානුයෝගීව සිටිය අපගේ ආචාර්යපාදයෝ

මොකක්දෑ ඒ කිව්වේ? සඳ එළියයි. හිරු එළියයිලු. කිසිම දියුණුවක් ලබා ගන්ට බැරි වෙලා. හනේ...!" කියලා ඔවුන් තාපසතුමාගේ අවසන් කටයුතු ඉතාම චාම් විදිහට කළා.

ලුණු ඇඹුල් සොයා චාරිකාවේ ගිය ජ්‍යෙෂ්ඨ ශිෂ්‍ය තාපසයා ඇතුළු පිරිස පැමිණෙන විට කලක් ගත වුණා. තමන් පැමිණෙන විට තම ගුරුදේවයෝ අභාවයට පත් වෙලා.

"ඉතින්.... අපගේ ආචාර්යපාදයෝ මොකක් ද අන්තිමට කිව්වේ..?"

"අනේ අපි ඇහැව්වා.... මොකවත්ම කියාගන්ට බැරිව ගියා. කිසිම හේතුවක් නැති දෙයක් කිව්වා. සඳ එළියයි හිරු එළියයිලු. එතකොට අපි හිතුවා කිසිම දියුණුවක් ලබාගන්ට අප ගුරුදේවයන්ට බැරි වූ වග. හනේ.... මොනා කරන්ට ද! ඉතිං.... අපි චාමෙට අවසන් කටයුතු කළා"

"නෑ.... නෑ.... ඇවැත්නි.... ඔබලාට වැරදීමක්. අප ආචාර්යපාදයෝ කවරදාකවත් හිස් ප්‍රලාප දෙඩුවේ නෑ. නුවණින් යුක්ත වූ වචනයක් ම යි පැවසුවේ.... සඳ එළියයි.... හිරු එළියයි.... යන වචනය ඇඟ බේරාගන්ට කියූ දෙයක් නොවේ. සඳ එළිය කියන්නේ ඕදාත හෙවත් සුදු කසිණයට යි. හිරු එළිය කියන්නේ පීත හෙවත් කහ කසිණයට යි. ඒ කසිණ භාවනා දෙකින් ම උන්නාන්සේ ධ්‍යාන සමාපත්ති උපදවා ගෙන තියෙනවා. ආයෙ දෙකක් නෑ.... සාධු.... සාධු.... අප ආචාර්යපාදයෝ ඒකාන්තයෙන් බඹලොව වැඩියා" කියලා ජ්‍යෙෂ්ඨ ශිෂ්‍ය තාපසයා වන්දනා කරගෙන කිව්වා. නමුත් අනිත් තාපසවරු මෙය පිළිගත්තේ නෑ. ජ්‍යෙෂ්ඨ ශිෂ්‍ය තාපසයන්ටත් වැරදීමක්

ය කියලයි සිතුවේ. ඔවුන් එසේ සිත අපහදවා ගැනීමෙන් ඔවුන්ට මහත් අලාභයක් වන බව දැනගත් බඹලොව මහාබ්‍රහ්මයාව ඉපද සිටින බෝධිසත්වයන් තුළ ඔවුන් කෙරෙහි අනුකම්පාවක් හටගත්තා.

බඹලොවින් නික්මී ඔවුන් සිටි අසපුවට ඉහළ අහසේ බ්‍රහ්මරාජ ලීලාවෙන් පෙනී සිට මේ ගාථාව පැවසුවා.

යමෙක් මනා නුවණ යොදා හොඳින් බවුන් වඩා
සුදු කසිණෙන් කහ කසිණෙන් සමාධිය ද වඩා
කෙලෙස් විතර්කයන් නැතිව දෙවෙනි දැහැන සදා
ආභස්සර බඹලොව ඔහු ගියේ කසිණ වඩා

ඊට පස්සේ බෝධිසත්වයෝ අනිත් තාපසවරුන්ට කරුණු පැහැදිලි කළා.

"එම්බා සිසු දරුවෙනි, තොපගේ නුවණ මා එදා අවසන් මොහොතේ පැවසූ ඉතා සාරවත් වචන දෙක වටහා ගන්ට ප්‍රමාණවත් වුණේ නෑ. නමුත් බලන්ට. මගේ ජ්‍යෙෂ්ඨ සිසුදරුවා. ඒ අර්ථය සැණෙකින් වටහා ගත්තා. මින්පසු තොප මාගේ ජ්‍යෙෂ්ඨ සිසු දරුවාගේ අවවාද අනුශාසනා අනුව බවුන් වඩා තම තාපස දිවිය සඵල කරගත යුතුයි" කියා නැවත බඹලොවට වැඩියා.

මහණෙනි, එදා බෝසත් තාපසයන්ගේ ජ්‍යෙෂ්ඨ ශිෂ්‍යයා ව සිටියේ අද අපගේ සාරිපුත්තයෝ. එදා ආභස්සර ලොවේ මහාබ්‍රහ්මයා ව ඉපදුනේ මම"යි කියා භාග්‍යවතුන් වහන්සේ මේ ජාතකය නිමවා වදාළා.

06. සුවණ්ණ හංස ජාතකය
රන් පියාපත් ඇති හංසයාගේ කථාව

පින්වතුනේ, පින්වත් දරුවනේ,

අධික ලෝභකම කෙනෙකුට කිසිසේත් ම අවශ්‍ය දෙයක් නොවේ. ඒ හේතුවෙන් තමන්ට ලැබෙන්ට තියෙන දෙයත් නැති වී යනවා. මෙයත් එවැනි කතාවක්.

ඒ දිනවල අපගේ භාග්‍යවතුන් වහන්සේ වැඩ සිටියේ සැවැත්නුවර ජේතවනයේ. ඒ කාලේ සැවැත් නුවර එක්තරා උපාසකයෙක් සිටියා. ඔහු භික්ෂුණී සංඝයාට සුදුලූනුවල අවශ්‍යතාවක් වෙතොත් ලබාගන්ට කියා අවසර දී පවරා තිබුණා. ඒ උපාසක තමන්ගේ සුදුලූනු ගොවිපල භාර සේවකයාට මෙහෙම කිව්වා.

"මිත්‍රය.... භික්ෂුණීන් සුදුලූනුවල අවශ්‍යතාවට ගොවිපලට වඩින්ට පුළුවනි. එතකොට එක් එක් භික්ෂුණියකට සුදුලූනු මිටි දෙක තුනක් දුන්නාම ඇති" කියල.

එදා පටන් භික්ෂුණීන්ට සුදුලූනුවල ඕනෑ කමක් ඇති වුණොත් ඒ උපාසකගේ ගෙදරට හරි ගොවිපලට හරි කෙලින්ම යනවා. ගිහින් සුදුලූනු ලබා ගන්නවා. ඔහොම

වෙද්දී එක්තරා උත්සව දවසක් ආවා. එදා උපාසකගේ ගෙදර සුදුලූනු අවසන් වෙලා තිබුණේ. ථුල්ලනන්දා භික්ෂුණිය තවත් භික්ෂුණීන් පිරිසක් සමග උපාසකගේ ගෙදරට ආවා.

"පින්වත උපාසක, අපට සුදුලූනුවල අවශ්‍යතාවක් තියෙනවා"

"අනේ ආර්යාවෙනි, ගෙනාපු සුදුලූනු ඉවර වුණා නොවැ. අපේ ගොවිපලට වඩින්ට. එහෙන් සුදුලූනු ගන්ට පුළුවනි."

එතකොට ථුල්ලනන්දා භික්ෂුණිය අනික් භික්ෂුණීන් සමග උපාසකගේ ගොවිපලට ගියා. ගිහින් අර උපාසක අනුමත කළ ප්‍රමාණයට වඩා ගොඩාක් සුදුලූනු මිටි බැඳගෙන අරගෙන ගියා. ගොවිපලභාර සේවකයා භික්ෂුණීන්ගේ මේ වැඩේ ගැන හොඳටෝම කලකිරුණා. හැම තැනම ගිහින් භික්ෂුණීන්ට දොස් කියන්ට පටන් ගත්තා.

"හප්පේ..... මේ භික්ෂුණීන් වහන්සේලා යමක් පිළිග න්ට ඕනෑ ප්‍රමාණය දන්නේ නෑ. අනුන්ගේ ගොවිපලකින් කොහොමද කිසි ලැජ්ජාවක් නැතිව ඔය විදිහට ප්‍රමාණය ඉක්මවා අරගෙන යන්නේ?"

එතකොට ලද දෙයින් සතුටුවන, අල්ප වූ ආසා ඇති භික්ෂුණීන්ට මෙය අසන්ට ලැබුණා. ඇලාත් අර භික්ෂුණීන්ට දොස් කිව්වා. භික්ෂූන් වහන්සේලාටත් මෙය අසන්ට ලැබුණා. එතකොට ඔවුනුත් ඒ භික්ෂුණීන්ට දොස්

කිව්වා. භාග්‍යවතුන් වහන්සේට මේ සිදුවීම සැළකළා. භාග්‍යවතුන් වහන්සේ ථුල්ලනන්දා භික්ෂුණිය කැඳෙව්වා.

"හැබෑද භික්ෂුණිය, අසවල් උපාසකගේ ගොවිපලට ගොහින් ඔහු අනුමත කළ ප්‍රමාණයට වඩා බොහෝ සුදුලූනු මිටි ගෙනාවා කියන්නේ..?"

"එහෙමයි භාග්‍යවතුන් වහන්ස."

එතකොට භාග්‍යවතුන් වහන්සේ ථුල්ලනන්දා භික්ෂුණියගේ අධික ලෝභය ගැන අප්‍රසාදයෙන් අවවාද කළා. භික්ෂූන් අමතා මෙසේ වදාළා.

"මහණෙනි, අධික ලෝභයෙන් යුක්ත පුද්ගලයාට තමන් බිහිකළ මව්වත් කැමති නෑ. ඒ මව්ටවත් ඔහු ප්‍රිය නෑ. මේ අධිකලෝභකම නොපැහැදුනවුන්ගේ පැහැදීමට උපකාර වෙන්නේ නෑ. පැහැදුනවුන්ගේ වඩාත් පැහැදීමට උපකාර වෙන්නෙත් නෑ. නූපන් සංසලාභය උපදින්ට උපකාර වෙන්නෙත් නෑ. උපන් සංසලාභය පවත්වන්ට උපකාරී වෙන්නෙත් නෑ.

නමුත් මහණෙනි, අඩු අවශ්‍යතාවන්ගෙන් යුත්, අඩු ආශා ඇති පුද්ගලයා නොපැහැදුනවුන්ගේ පැහැදීම උපදවන්ට උපකාරී වෙනවා. පැහැදුනවුන්ගේ වඩාත් පහන් බවට උදව් වෙනවා. නූපන් සංසලාභය උපදවන්ටත් උදව් වෙනවා. උපන් සංසලාභය පවත්වන්ටත් උදව් වෙනවා.

මහණෙනි, මේ ථුල්ලනන්දා මෙවැනි අධික ලෝභයකින් පෙලුනේ මේ ආත්මේ විතරක් නොවෙයි. මෙයට කලින් ආත්මෙකත් ඔය දුර්වලකමින් ම යුක්තව

සිටියා" කියා භාග්‍යවතුන් වහන්සේ මේ ජාතකය වදාළා.

"මහණෙනි, ගොඩාක් ඉස්සර කාලෙක බරණැස්නුවර බ්‍රහ්මදත්ත නම් රජ්ජුරු කෙනෙක් රාජ්‍ය කරමින් සිටියා. ඔය කාලේ බෝධිසත්වයෝ එක්තරා බ්‍රාහ්මණ පවුලක උපන්නා. ඒ බ්‍රාහ්මණ කුමාරයා තරුණ වියට පත් වුණාට පස්සේ ඔහුගේ දෙමාපියන් ඔහුට බ්‍රාහ්මණ පවුලකින් විවාහයක් කරවා දුන්නා. මේ නව යුවලට දූවරු තිදෙනෙක් ලැබුණා. ඔවුන්ට නන්දා, නන්දාවතී, සුන්දරීනන්දා යන නම් ලැබුණා. ඒ දූවරුන්වත් නිසි කලවයසෙ දී බන්දලා දුන්නා. බෝධිසත්වයෝ කලුරිය කළාට පස්සේ රත්තරන් පියාපත් තියෙන හංසයෙක් වෙලා හිමාලවනයේ උපන්නා. ඒ වගේ ම මේ හංසයාට පෙර ආත්මය සිහි කිරීමේ හැකියාවකුත් ඇතිවුණා. කලක් යද්දී මේ හංසයා ඉතාම සුන්දර අලංකාර හංසයෙක් බවට පත් වුණා. තමන් මේ හංස ආත්මේ උපදින්ට කලින් ආත්මේ ඉපිද සිටියේ කොහේද කියා හංසරාජයා ආපස්සට මෙනෙහි කරන්ට පටන් ගත්තා. තමන් මනුෂ්‍යයෙක්ව උන්නු වග හංසයාට මතක් වුණා. තමන්ගේ බිරිඳවත් මතක් වුණා. දූවරුන්වත් මතක් වුණා.

දවසක් මේ හංසයා ඔවුන් සිටින තැන සොයාගෙන පියඹා ගියා. ගිහින් අහසේ පියාඹා විමසා බලද්දී ඔවුන් දුකසේ ජීවත්වෙන බව පෙනුනා.

"අනේ.... මේ උදවිය දැන් මං නැති නිසා දුකසේ වාසය කරනවා. මගේ මේ සරීරේ තියෙන්නේ රන්පිහාටු. මේ රන්පිහාටු කොටා තලා රන්බවට පත් කරගන්ටත්

පුළුවනි. ඉතින් මං මෙයාලාට එක එක පිහාටුව ගානේ දුන්නොත් මගේ අසරණ බිරිඳත්, දූවරුත් ඒ පිහාටුව තලා රන්පතුරුකොට විකුණා එයින් ලැබෙන ධනයෙන් සුවසේ ජීවත් වේවි" කියලා සිතුවා. ඊට පස්සේ මේ ලස්සන හංසයා ඇවිත් ඒ ගෙදර පිටිපස්සේ ඇති ආලින්දය වැනි කොටසේ සැඟවුණා. එතකොට බැමිණියත්, දූවරුත් හංසයා ළඟට ආවා.

"හානේ.... හරිම ලස්සන රත්තරන් පිහාටු ඇති හංසයෙක්. අපි නං මෙහෙම හංසයෙක් මීට කලින් දැකලා නෑ.... අනේ හංසරාජයෝ ඔයා කොහේ ඉඳන් ද ආවේ?"

"මං.... ඔයාලාගේ තාත්තා. මං මළාට පස්සේ රන් පිහාටු ඇති හංසයෙක් වෙලා හිමාලයේ උපන්නා. මට පෙර ආත්මය මතක් වුණා. ඒ නිසයි ඔයාලාව බලන්ට මං ආවේ. මං ඈතට ඇවිත් බලන් හිටියා. මට තේරුණා ඔයාලා අනුන්ට බැලමෙහෙවර කරමින් දුකසේ ජීවත්වෙන බව. මට ගොඩාක් දුක හිතුනා. දැන් ඉතින් ඔයාලා දුක් විඳින්ට ඕන නෑ. මං එක එක පිහාටුව බැගින් ඔයාලට දෙන්නම්. මේ පිහාටු තනි රත්රන්. ඉතින් ඔයාල ඒ රන් පිහාටුව අරගෙන ගොහින් විකුණලා සැපසේ ජීවත් වෙන්ට හොඳේ...!" කියලා ඇඟ සොළොවා රන් පිහාට්ටක් අතහැරියා. ඉගිලී ගියා.

දැන් මේ හංසරාජයා වෙනත් අයට නොපෙනෙන්ට ගෙදරට එනවා. ඇවිත් පිහාටුව බැගින් දමා යනවා. කලක් යද්දී මේ පවුල ඉතා ධනවත් වුණා. ඉතා සැපසේ කා බී වාසය කළා. දවසක් ඒ ගෙදර ප්‍රණීත භෝජන අනුභව

කොට සතුටින් කතා කරමින් සිටින අතරේ බැමිණිය මෙහෙම කිව්වා.

"ඈ ළමයිනේ.... තිරිසන් සතුන්ගේ සිත ගැන අපි හැමදාම විශ්වාසෙ තබන්නේ කොහොම ද? කවදාහරි ඔයාලගේ තාත්තා නාවොත් එදාට අපිට මුකුත් නෑ නේද? ඒ නිසා ඊළඟ දවසේ ආපු වෙලාවට අපි හංසයාව අල්ලාගෙන ඔක්කොම පිහාටු ටික ගලවා ගම්මු."

"අනේ.... අම්මා.... අපි කොහොමද එහෙම කරන්නේ.... අපේ තාත්තාට හරියට රිදේවි.... හාපෝ.... අපට නම් ඒ වැඬේ කරන්ට බෑ."

"හරි හරී.... ඔයාල බැරිනම් නිකං ඉන්ට. මං නොවැ වැඬේ දන්නේ" කියලා කිව්වා.

ඊළඟ දවසෙත් හංසයා පිහාටුවක් දෙන්ට හිතාගෙන මහත් සතුටින් පියාඹා ඇවිත් ගේ ඇතුළට ගියා. එතකොට බැමිණි ඇවිත් "අනේ.... ස්වාමී.... කෝ.... මගේ ළඟට පොඩ්ඩක් එන්ට" කියලා කතා කළා. හංසයා සිතුවේ ආදරේට කතා කරනවා කියලයි. අධික ලෝභයෙන් පෙළෙන ඒ ස්ත්‍රිය හංසයාව අත්දෙකින් කිටි කිටියේ තද කරගත්තා. දැන් හංසයාට සෙළවෙන්ටවත් බෑ. ඊට පස්සේ එක් අතකින් අනුකම්පා විරහිතව සියලු පිහාටු ඇදලා ගලවා දැම්මා. ඒ සෑම ගලවාගත් පිහාටුවක් ම සුදු පැහැයට හැරී සාමාන්‍ය පිහාටු බවට පත් වුණා. බලහත්කාරයෙන් ගත් ඒ පිහාටුවලට එහෙම වුණේ බෝධිසත්වයන්ගේ කැමැත්තකින් තොරව ගලවාගත් නිසයි. ඉතින් බෝධිසත්වයන්ට අත්තටු දික්කලාට

පියඹා ගන්ට බැරිව ගියා. එතකොට ඒ බැමිණිය ලොකු වට්ටියකින් වහලා හංසයාට කෑම දුන්නා. ටික දවසකින් හංසයාගේ පිහාටු ආවා. නමුත් ඒ හැම පිහාටුවක් ම සුදුපාටයි. සාමාන්‍ය පිහාටු. හංසයාට ඉගිලෙන්ට පුළුවන් උනාට පස්සේ අහසට පැනනැගී හිමාලයට ම ගියා. ආයෙ කවරදාකවත් ඒ පැත්තට ආවේ නෑ.

දැන් බලන්ට මහණෙනි, මේ ථුල්ලනන්දා එදාත් අධික ලෝභකම නිසා රන් පිහාටු අහිමි කරගත්තා. අදත් එහෙමයි. අධික ලෝභකම නිසා පොදුවේ භික්ෂුණී සංඝයාට තිබුණු සුදුළූනු ටිකත් නැති කරගත්තා. ඒ නිසා ගොඩාක් ලැබුණොත් පිළිගත යුතු ප්‍රමාණය දැන ගන්ට ඕනෑ. ටිකක් ලැබුණොත් ලද දෙයින් සතුටු වෙන්ට ඕනෑ. ඒ වගේම නැවත නැවත ලබන්ට නොපැතිය යුතුයි" කියා මේ ගාථාව වදාළා.

යමක් ඔබට ලැබුණේ නම්
- ඒ ලද දේ සතුටින් ගෙන
- එයින් යැපිය යුත්තේ
ඊට වඩා ලබා ගන්ට
- අධික ලෝභයෙන් සිටියොත්
- ඉතා නරක ඒ දෙය මයි
හංස රාජයා අල්ලා
- පිහාටු හැම ගලවාගෙන
- නපුරකි කරගත්තේ
රන් පිහාටු ගැන ලෝභෙන්
- ලැබෙන දෙයට සතුටු නොවී
- රන් නැති කරගත්තේ

මෙලෙසින් වදාළ භාග්‍යවතුන් වහන්සේ එදා සිට භික්ෂුණී සංඝයාට සුදුලූනු වැළඳීම තහනම් කොට වදාළා. වැළඳුවොත් පචිති ඇවතක් වන බව වදාළා.

මහණෙනි, එදා බැමිණිය ව සිටියේ මේ ථුල්ලනන්දායි. ඇයගේ දූවරු තුන්දෙනා මේ ආත්මේ ඇගේ සහෝදරියෝ තුන්දෙනා. රන් හංසයා වුණේ මම" කියා භාග්‍යවතුන් වහන්සේ මේ ජාතකය නිමවා වදාළා.

07. බබ්බු ජාතකය

ස්ත්‍රී මීයා හය කොට මස් කෑ බළලුන්ගේ කතාව

පින්වතුනේ, පින්වත් දරුවනේ,

කවුරු හෝ යමක් නොමිලේ දුන්නොත් එය දෙන පමණින් ගන්ට හොඳ නෑ. තමන්ට අවශ්‍යතාවක් තිබුණත් පමණ ඉක්මවා ගන්න එක වැරදියි. ඒ තුළින් බොහෝ පාඩු සිදුවන්ට පුළුවනි. මෙයත් එවැනි කතාවක්.

ඒ දිනවල අපගේ භාග්‍යවතුන් වහන්සේ වැඩ සිටියේ සැවැත්නුවර ජේතවනයේ. ඔය කාලෙම සැවැත්නුවර කාණමාතා නමින් ප්‍රසිද්ධ වූ එක්තරා සෝවාන් වූ ආර්යශ්‍රාවිකාවක් සිටියා. ඇගේ දියණියගේ නම කාණා. ඒ නිසයි ඈ කාණමාතා නමින් ප්‍රසිද්ධ වුණේ. ඉතින් ඈ සිය දියණිය කාණා සමාන වංශයක එක්තරා පුරුෂයෙකුට කසාද බන්දලා දුන්නා. ඒ කාණා දියණිය කිසියම් කරුණකට සිය මෑණියන්ගේ සැවැත්නුවර නිවසට ආවා.

ටික දවසකින් කාණාගේ ස්වාමියා කාණාට ඉක්මණින් ආපසු එන්ට කියා පණිවිඩයක් එව්වා. කාණා ඒ පණිවිඩය අසා "අම්මා.... අපේ එක්කෙනා පණිවිඩයක්

එවලා එන්ට කියලා.... මං දැන් යන්ට ඕනෑ."

"දුවේ කාණා.... මෙතෙක් දවසක් මෙහේ හිටපු එකේ හිස් අතින් යන්නේ කොහොමද? මං කැවුම් ටිකක් හදා දෙන්නම්" කියලා කාණමාතාව කැවුම් හැදුවා. එදා එක්තරා භික්ෂුවක් පිඬුසිඟා වඩිද්දී කාණමාතාගේ ගෙදරටත් වැඩියා. එතකොට උපාසිකාව ඒ භික්ෂුව නිවසට වඩමවා වැඩ හිඳින්ට සලස්සා පාත්‍රයට කැවුම් පුරවා පූජා කළා.

මේ භික්ෂුව ඉතා සතුටින් කැවුම් අරන් පිටත් වෙද්දී තවත් පිඬුසිඟා වඩින භික්ෂුවක් මුණ ගැසුනා. "මේ.... ඇවත.... දක්කද මගේ පාත්තරේ තියෙන දේ...? ෂෝක් කැවුම්.... කාණමාතා උපාසිකාවගේ ගෙදරට වැඩියොත් ඔබටත් පාත්තරය පුරවා කැවුම් ලැබේවි."

"ම්.... ඔව්.... ඔය සුවඳ එන්නේ..! මාත් යන්ට ඕනෑ" කියල ඒ භික්ෂුවත් කාණමාතාගේ නිවසට පිඬුසිඟා වැඩියා. ඔහුගේ පාත්තරයත් පුරවා කැවුම් ලැබුණා. ඒ භික්ෂුව පිඬුසිඟා වඩින තවත් යහළු භික්ෂුවකට කිව්වා. ඔහුටත් පාත්‍රය පුරවා කැවුම් ලැබුණා. මේ විදිහට එදා භික්ෂූන් වහන්සේලා සතර නමක් පිඬුසිඟා වැඩියා. ඒ සතර නමට ම පාත්තර පුරවා කැවුම් පිළිගැන්නුවා. කාණමාතා එදා හැදූ කැවුම් භික්ෂූන්ට පිදීමෙන් අවසන් වුණා. මේ හේතුවෙන් කාණාට ගමන යන්ට බැරි වුණා.

කාණාගේ ස්වාමියා අයෙමත් පණිවිඩයක් එව්වා ඉක්මණින් එන්ට කියලා. එවරත් කාණමාතා දියණියට දී පිටත් කරවන්ට කැවුම් හැදුවා. ඒ වතාවෙත් අර

භික්ෂූන් වහන්සේලා සතර නම වැඩියා. ඔවුන්ට කැවුම් පිදීම නිසා ගමන යන්ට බැරි වුණා. කාණාගේ ස්වාමියා තුන්වෙනි වතාවෙත් ඉක්මණින් එන්ට කියා පණිවිඩයක් එව්වා. ඒ වතාවෙත් ගෙනියන්ට සෑදූ කැවුම්වල ඉව වැටී අර භික්ෂූන් සතරනම වැඩියා. භික්ෂූන් වහන්සේලාට කැවුම් පිළිගැන්වීම නිසා එවරටත් ගමන යන්ට බැරි වුණා. තුන්වෙනි වතාවේ සැමියා පණිවිඩය එවද්දී "මේ.... කාණා.... ඔයාට තුන්වතාවක් ම එන්ට කියා පණිවිඩ එවද්දී එන්නේ නැතිනම්, මං වෙන එකියක් සහේට ගන්නවා." කියලයි එව්වේ. නමුත් මේ කැවුම් පළඟිලව්ව නිසයි ඈට යන්ට බැරිවුණේ. ඊට පස්සේ කාණාගේ ස්වාමියා ඈට පණිවිඩයක් එව්වා. "කාණා.... මට තිගෙන් වැඩක් නෑ. තී අකීකරුයි.... මං වෙන කීකරු හොඳ එකියක් සහේට ගත්තා.... දැන් ඉතින් මේ පැත්ත පළාතේ එන්ට එපා" කියල. එදා සිට කාණා දියණිය 'අනේ මගේ පවුල කැඩුණා" කියලා හැඬූ කඳුළින් පසුවුණා. භික්ෂූන් වහන්සේලා දකිද්දීත් දැන් ඈට දුකයි. "මේ උන්නාන්සේලා නිසයි යස අගේට තිබුන මගේ පවුල කැඩුණේ" කියල බණින්ට පටන් ගත්තා. එයට භය වූ භික්ෂූන් වහන්සේලා කාණමාතාගේ නිවස අසලින්වත් පිඩුසිඟා ගියේ නෑ.

මෙය දැනගත් අපගේ භාග්‍යවතුන් වහන්සේ කාණමාතාවගේ නිවසට වැඩියා. වැඩම කොට පනවන ලද අසුනේ වැඩ සිටියා.

"කාණමාතා.... මොකොද ඔබේ දියණිය ඔය හැඬූ කඳුළින් ඉන්නේ? මුකුත් කරදරයක් වුණාවත් ද?"

"අනේ.... ස්වාමීනී.... අපේ මේ කෙල්ලගේ වැරැද්ද. මං තුන්වතාවක් ම සැමියාගේ ගෙදර ගෙනියන්ට කැවුම් හැදුවා. පිඬුසිඟා වැඩිය භික්ෂූන් වහන්සේලාට ඒ තුන්වතාවේ ම කැවුම් පූජා කළේ මේකි ම යි. ඒ ඔක්කොම කැවුම් පූජා කරලා හිට දැන් මේකි ම ඒ උන්නාන්සේලාට බණිනවා. ඒ නිසා පවුල කැඩුණා කියලා."

එතකොට භාග්‍යවතුන් වහන්සේ කාණා දියණිය අස්වසා දහම් දෙසා වදාළා. ඒ දේශනාව කෙළවර කාණා දියණිය සෝවාන් ඵලයට පත්වුණා. භාග්‍යවතුන් වහන්සේ ජේතවනයට වැඩම කොට වදාළා. අර භික්ෂු සතර නම කැවුම්වලට ආසාවෙන් දිගින් දිගට කාණමාතාගේ නිවසට පිඬුසිඟා යාම නිසා කාණාගේ ගමන යන්ට බැරි වූ බවට අනිත් අල්පේච්ඡ භික්ෂූන් වහන්සේලාට දැනගන්ට ලැබුණා. දම්සභා මණ්ඩපයේ දී ඒ භික්ෂූන් මේ ගැන කතා කරමින් සිටියා.

"අනේ බලන්ට ඇවැත්නි.... අපේ මේ උන්නාන්සේලා කරපු හදියක්. කාණමාතා තුන්වතාවක් ම කැවුම් හදා තියෙන්නේ කාණාගේ ස්වාමියා ළඟට ඈ යද්දී හිස් අතින් යවන්ට බැරි නිසයි. අර උන්නාන්සේලා සතර නම ඒ තුන් වතාවේ ම ඒ නිවසට පිඬුසිඟා ගොහින් ඒ කැවුම් ඉවර වෙනකල් පිළිඅරගෙන නොවැ. හප්පේ.... දැන් අර කාණා දියණිය පවුල කැඩිලා හඬ හඬා ඉන්නවා. හනේ.... පව්...!"

ඒ අවස්ථාවේ භාග්‍යවතුන් වහන්සේ එතැනට වැඩම කොට වදාළා. භික්ෂූන් වහන්සේලා තමන් කතා

කරමින් සිටි කරුණ භාග්‍යවතුන් වහන්සේට සැලකළා. භාග්‍යවතුන් වහන්සේ මෙසේ වදාළා.

"මහණෙනි, ඔය භික්ෂූන් සතර නම කාණමාතා සතු දේ අනුභව කොට දොම්නසට පත් වුණේ මේ ආත්මේ විතරක් නොවේ. මීට කලින් ආත්මෙකත් දුකට පත්වෙන්ට සිදු වුණා" කියා මේ ජාතකය වදාළා.

"මහණෙනි, ගොඩාක් ඉස්සර කාලෙක බරණැස් නුවර බ්‍රහ්මදත්ත නමින් රජ්ජුරු කෙනෙක් රාජ්‍ය කරමින් සිටියා. ඔය කාලේ බෝධිසත්වයෝ ගල් කොටන කුලයේ උපන්නා. වයසින් මුහුකුරා යද්දී ගල් කොටන ශිල්පයේ පරතෙරට ඉගෙන ගත්තා. ඒ කසී රටේ ම එක්තරා නියම්ගමක මහා ධනසම්පත් ඇති සිටුවරයෙක් සිටියා. ඔහුට නිධන් කරපු සතලිස් කෝටියක ධනය තිබුණා. මේ ධනයට ඇති ආශාව නිසා ඔහු මළාට පස්සේ ඒ නිධානය මත ස්ත්‍රී මීයෙක් වෙලා උපන්නා. ක්‍රමයෙන් ඒ සිටුපවුල අභාවයට පත් වුණා. ඒ නියම්ගමත් වල්බිහි වෙලා ගියා. කවුරුත් නොදන්නා ප්‍රදේශයක් බවට පත් වුණා.

බෝධිසත්වයෝ ඒ පැරණි ගම්මානය තිබුණ ප්‍රදේශයේ ගල් මතුකොට කොටන්ට පටන් ගත්තා. ස්ත්‍රී මීයා ගොදුරු කන්ට යද්දී බෝධිසත්වයන් දිහා නැවත නැවතත් බලනවා. ස්ත්‍රී මීයාට ටිකෙන් ටික බෝධිසත්වයන් ගැන ආදරයක් හටගත්තා. ඈ මෙහෙම හිතුවා. "මා සතු මේ ධනස්කන්ධය නිකරුණේ වැනසෙන්ට දෙන්නේ මොකොට ද? මං මේ තැනැත්තා සමග එකතුවෙලා මේ ධනයෙන් කාලා බීලා ඉන්ට ඕනෑ" කියල. ඉතින්

ඒ ස්ත්‍රී මීයා එක දවසක් කහවණුවක් කටින් ඩැහැගෙන බෝධිසත්වයන් ළඟට ආවා. බෝධිසත්වයෝ ඈ දැකලා ප්‍රියවචනයෙන් කතා කළා. "ඈ මීයෝ.... මොකෝ.... කහවණුවකුත් ඇන්න මං ළඟට මේ ආවේ....?" "දරුවෝ.... මේක අරගෙන තමනුත් අනුභව කරලා මටත් මස් චුට්ටක් ගෙනත් දියං"

ඉතිං බෝධිසත්වයෝ 'හොඳයි' කියලා ඒ කහවණුව ගෙදර ගෙන ගියා. එක් මස්සකින් මස් ගෙනැවිත් ස්ත්‍රී මීයාට දුන්නා. ස්ත්‍රී මීයා තමන්ගේ මී ගුළට එය රැගෙන ගොස් කැමති පරිදි කෑවා. එතැන් පටන් මේ ස්ත්‍රී මීයා දිනපතා මේ ක්‍රමයට බෝධිසත්වයන්ට කහවණුව බැගින් ගෙනත් දෙනවා. බෝධිසත්වයොත් ඈට මස් ටිකක් ගෙනත් දෙනවා.

දවසක් බළලෙක් ඇවිත් මේ මීයාව අල්ලා ගත්තා. එතකොට ඈ කෑ ගැසුවා. "අනේ ස්වාමී.... මාව මරන්ට එපා!" "ඇයි තෝ... එහෙම කියන්නේ? මං හරිම බඩසායෙන් ඉන්නේ. මට මස් කන්ට ඕනෑ. තෝව මරන්නැතිව කොහොම ද?"

"අනේ... ස්වාමී... එකම එක දවසකට මස් ලැබෙන එකද හොඳ, එහෙම නැත්නම් දිනපතා මස් ලැබෙන එක ද?"

"මොනා.... ලැබෙනවා නම් දිනපතා මස් කන්ටයි මාත් ආසා" "එහෙම නම් මට ජීවිත දානය දෙනු මැනව. මං තමුන්නාන්සේට දිනපතා මස් ලැබෙන්ට සලස්සන්නම්"

"හොඳා.... එහෙනම්.... මං තෝව අත්හරිනවා. වෙලාවට මස් දෙන්ට වග බලා ගනින්" කියල බළලා මීයාව නොමරා අත්හැරියා. එදා පටන් ස්ත්‍රී මීයා තමන්ට ලැබෙන මස කොටස් දෙකකට බෙදනවා. එක් කොටසක් බළලාට දෙනවා. ඉතිරි කොටස ඈ කනවා. දවසක් තව බළලෙක් ස්ත්‍රී මීයාව අල්ලා ගත්තා. එදත් ඈ මස් කොටසක් දෙන්ට පොරොන්දු වෙලා යාන්තම් බේරුණා. දැන් ස්ත්‍රී මීයා මස් ටික කොටස් තුනකට බෙදනවා. දෙකොටසක් බළල්ලු දෙන්නෙකුට දෙනවා. තව දවසක් ස්ත්‍රී මීයාව තවත් බළලෙක් අල්ලා ගත්තා. ඒ වතාවෙත් මස් දෙන පොරොන්දුව පිට මරණෙන් නිදහස් වුණා. දැන් ඈ මස් ටික සතර කොටසකට බෙදනවා. තුන් කොටසක් බළලුන්ට දෙනවා. ඈ එක් කොටසක් කනවා. තව දවසක් ආයෙමත් ඈව බළලෙක් ඇල්લුවා. එවරත් ඈ නොයෙක් ආකාරයෙන් හඬාදොඩා මස් දෙන පොරොන්දුව පිට නිදහස් වුණා. දැන් ඈ තමන්ට ලැබෙන මස පස්කොටසකට බෙදා සතර කොටසක් බළලුන්ට දෙනවා. ඈට ලැබෙන්නේ ඉතාම ස්වල්පයයි. මේ හේතුවෙන් ඈට ප්‍රමාණවත් ආහාර ලැබුණේ නෑ. අල්පාහාර නිසාවෙන් ඈ හොඳටෝ ම කෙට්ටු වුණා. නිතර ක්ලාන්තව සිටියා.

බෝධිසත්වයෝ ඈ දැක මෙහෙම ඇසුවා. "අනේ ඇයි මැණියෙනි.... මෙතරම් ඇඟපත දිරා ගොහින්. මලානික වෙලා"

"අනේ පුතේ.... මං මහා විපතකට මැදිවෙලා යාන්තම් මරුකටින් බේරි බේරී ඉන්නේ. මහා බළල්

තඩියෝ සතරදෙනෙක් සතර විඩකට මාව කටින් ඩැහැ ගත්තා. මං උන්ට මස් දෙන්ට පොරොන්දු වුණා. ඉතින් මට ලැබෙන මස මං පස් කොටහකට බෙදනවා. සතර කොටහක් උන්ට දෙනවා"

"අයියෝ.... මැණියෙනි.... ඇයි මට මෙතුවක් කල් නොකීවේ? මං දන්නවා ඕකුන්ට කරන්ට ඕනෑ දේ" කියලා ස්ත්‍රී මීයාව අස්වැසුවා. පිරිසිදු පළිඟු ගලින් ස්ත්‍රී මීයාට ගුහාවක් කෙරෙව්වා.

"මැණියෙනි.... ඔයා මේ ගුළට රිංගලා සැතපී ඉන්ට. බළල් තඩියා ආ විට පරුෂ වචනයෙන් තර්ජනය කරන්ට"

ඉතින් ස්ත්‍රී මීයාත් බෝධිසත්වයෝ හදා දුන් පළිඟු ගුහාවට රිංගලා සැතපී සිටියා. බළල් තඩියා ආවා. ඌට හරි අගේට මීයාව පේනවා. ඌ ඇගෙන් මස් ඉල්ලුවා. "හ්ම්.... කෝ.... දීපං.... මගේ මස් කොටහ" "හැ.... අරේ.... පට්ට දුෂ්ට බළල් තඩියෝ.... තෝ හිතුවා ද මං තොට මස් අදින එකියක් කියලා. තොට ඕනෑ නං තමුන්නේ දරුවන්නේ මස් කාහං"

"බළලාට කේන්ති ගියා. ඌ ගොරවාගෙන මීයා අල්ලන්ට වේගයෙන් පැන්නා විතරයි, ඌගේ පපුව වේගයෙන් පළිඟු ගුහාවේ වැදුනා. එතකොට උගේ පපුව පැලුනා. ඇස් පිටට පැන්නා. පැත්තට වීසිවෙලා මැරී වැටුණා. මේ උපායෙන් බළලුන් සතර දෙනාම මරණයට පත් වුණා. ස්ත්‍රී මීයා එදායින් පස්සේ කිසි බියක් නැතිව සතුටින් වාසය කළා. බෝධිසත්වයන්ට දිනපතා කහවණු

දෙක බැගින් ගෙනත් දුන්නා. මේ ක්‍රමයෙන් තමන්ගේ සියලුම ධනය ස්ත්‍රී මීයා බෝධිසත්වයන්ට දුන්නා. භාග්‍යවතුන් වහන්සේ මේ ගාථාව වදාළා.

එක්කෙනෙකුට සෑහෙන්ටයි කන්නට මස් ලැබුණේ
එතැනට එක් බළලෙක් විත් කොටස් දෙකට බෙදුණේ
තවත් තුන්දෙනෙක් ඇවිදින් පස් කොටසට බෙදුණේ
ඒ බළලුන් සතර දෙනා පළිඟු ගුලේ මැරුණේ

මහණෙනි, එදා ස්ත්‍රී මීයා වෙලා සිටියේ අද ඉන්න කාණමාතාවයි. ස්ත්‍රී මීයාව භය කරගෙන මස් කෑ බළලුන් සතර දෙනා තමයි අද ඇගේ කැවුම් පිළිගත් භික්ෂූන් සතර නම. ගල් කොටන ශිල්පියා ව සිටියේ මම”යි කියා භාග්‍යවතුන් වහන්සේ මේ ජාතකය නිමවා වදාළා.

08. ගෝධ ජාතකය

බෝසත් තලගොයාගේ කථාව

පින්වතුනේ, පින්වත් දරුවනේ,

මේ සසර ගමන අපට සිතාගත නොහැකි තරම් භයානකයි. විටෙක මනුෂ්‍යයන්ව උපදිනවා. තවත් විටෙක නොයෙක් තිරිසන්ගත සතුන් වෙලා ඉපදෙන්ට සිදුවෙනවා. ඒ හේතුවෙන් නොයෙක් අතුරු ආන්තරාවන්ට බඳුන් වන්ට සිදු වෙනවා. අතීතයේ වැඩ සිටි බුදුරජාණන් වහන්සේලාගෙන් අනාගතයේ ස්ථිරව බුදුබවට පත්වෙන බවට නියත විවරණ ලද මහාබෝධිසත්වයෝ පවා තලගොයෙක් වෙලා උපන්නා නම් අපට මක් වේවිද? චතුරාර්ය සත්‍යාවබෝධය පිණිස ධර්මයේ හැසිරෙන්ට කියා අපගේ භාග්‍යවතුන් වහන්සේ අපට වදාළේ ඒ නිසා ම යි. මෙයත් එබඳු කතාවක්.

ඒ දිනවල අපගේ භාග්‍යවතුන් වහන්සේ වැඩ වාසය කළේ සැවැත්නුවර ජේතවනයේ. ඒ කාලයේ සැවැත්නුවර එක්තරා භික්ෂුවක් නොයෙක් ආකාරයෙන් ජනයා රවටමින් සිව්පසය ලබාගෙන වාසය කළා. මේ භික්ෂුවගේ කුහක ජීවිතය අල්පේච්ඡ භික්ෂූන් වහන්සේලාට දැනගන්ට ලැබුණා. දවසක් භික්ෂූන්

වහන්සේලා දම්සභා මණ්ඩපයේදී ඒ කුහක තැනැත්තා ගැන කතා කරමින් සිටියා.

"අනේ.... ඇවැත්නි.... බලන්ට.... මෙතරම් මගඵල නිවන්සුව උපදවා දෙන උත්තම වූ නෛර්යාණික බුදු සසුනේ පැවිද්ද ලබාගෙන සසර දුකින් මිදෙන්ට ඇති අති දුර්ලභ ක්ෂණ සම්පත්තිය හිස් පුද්ගලයන්ට අහිමි වී යන හැටි හරි සංවේගජනකයි. ඉතා සතුටින් සම්මා ආජීවයෙන් යුතුව පැවිදි ජීවිතය ගෙවන්ට භාග්‍යවතුන් වහන්සේ මෙතරම් යහපත් ලෙස මග සලස්සද්දී කුහකජීවිකාවෙන් කල්ගෙවීම මොනතරම් අභාග්‍යයක් ද?"

අල්පේච්ඡ භික්ෂූන් වහන්සේලා මෙසේ කතාකරමින් සිටින අතරවාරයේ අපගේ භාග්‍යවතුන් වහන්සේ එතැනට වැඩමකොට වදාළා. භික්ෂූන් වහන්සේලා තමන් කතා කරමින් සිටි කරුණ භාග්‍යවතුන් වහන්සේට සැළකළා. භාග්‍යවතුන් වහන්සේ මෙය වදාළා.

"මහණෙනි, ඔහුගේ කුහකකම මේ ආත්මයේ විතරක් තියෙන එකක් නොවෙයි. පෙර ආත්මයේත් ඔය විදියම යි."

එතකොට භික්ෂූන් වහන්සේලා ඒ කුහක භික්ෂුවගේ පෙර ආත්මයේ විස්තර කියාදෙන්ට කියා භාග්‍යවතුන් වහන්සේගෙන් ඉල්ලා සිටියා. භාග්‍යවතුන් වහන්සේ මේ ජාතකය වදාළා.

"මහණෙනි, ගොඩාක් ඉස්සර කාලෙක බරණැස් නුවර බ්‍රහ්මදත්ත නමින් රජ්ජුරු කෙනෙක් රාජ්‍ය

කරමින් සිටියා. ඔය කාලේ මහාබෝධිසත්වයෝ තලගොයි යෝනියේ ඉපිද සිටියා. ඒ දවස්වල පඤ්ච අභිඥා උපදවාගත් උග්‍ර තපස් ඇති එක්තරා තාපසයෙක් එක් පිටිසර ගමක් ඇසුරු කොට වනාන්තරේ කුටියක වාසය කළා. ගම්වැසියොත් ඒ තාපසයාට ආදරයෙන් ඇප උපස්ථාන කළා. බෝසත් තලගොයාත් වාසය කළේ ඒ තාපසයාගේ සක්මන් මලුව කෙළවරේ ඇති එක්තරා තුඹසකයි.

ඒ තලගොයාත් දවසක් පාසා තුන් වතාවක් තාපසයන් දකින්ට යනවා. තාපසයන් කියන මිහිරි බණ කතා අසාගෙන ඉඳලා තමන්ගේ තුඹසට යනවා. කාලයකට පස්සේ ඒ තාපසයා ගම්වාසීන්ට කියල ඒ ප්‍රදේශයෙන් යන්ට ගියා. ඊට පස්සේ ඒ කුටියට වෙනත් තාපසයෙක් ආවා. බෝසත් තලගොයා කලින් තාපසයාට වගේම මොහුටත් පැහැදුනා. මොහුත් කලින් තවුසා වගේම සිල්වත්ය කියා සිතලා මොහු ළඟටත් ගියා.

පායන කාලෙක එක දවසක් අකල් වැස්සක් ඇදහැලුනා. හුඹස්වලින් පිටතට ආපු මෙරු කන්ට තලගොයොත් එක් රැස් වුණා. ගම්වැසියෝ එහෙම ආපු තලාගොයි අල්ලා මරා ගත්තා. හොඳට ලුණු ඇඹුල් මිරිස් යොදා තලගොයි මස් ඉව්වා. අර කූට තාපසයාටත් තලගොයි මසුයි බතුයි දුන්නා.

"ඈ.... පින්වත්නි, මෙතරම් අතිමධුර වූ මාංශයක් මං මීට පෙර වළඳලා නෑ නොවැ. හැබෑට මේ මස කුමක් ද?"

"ආචාර්යපාදයෙනි.... අපටත් තලගොයි මසක් ලැබුණා. ඒකෙනුයි අපේ හාමිනේ ඔය ව්‍යංජනේ හදා තියෙන්නේ."

එතකොට තාපසයා බත් අනුභව කරන ගමන් කල්පනා කරන්ට පටන් ගත්තා. "ම්.... මං ඉන්න සක්මන ළඟටත් මහා තලගොයි රජෙක් එනවා නොවැ.... ෂා! මරා ගත්තොත් හරි යසයි. දින කීපයකට ඇති මයෙ හිතේ" ඉතින් එදා දානෙන් පස්සේ කුට තාපසයා දායකයන් ලවා ව්‍යංජන පිසින්ට භාජනයකුත්, දුරු මිරිස් ලුණු ඇඹුල් ගෙන්නා ගත්තා. දරත් එකතු කළා. කලින් හිටපු තාපසයා භාවනා කරන්ට වාඩිවුණ ආසනයක් කුටියේ පිල ඉස්සරහා තිබුණා. අතින් මුගුරකුත් අරගෙන එයත් කසාවතින් වසාගෙන භාවනා කරන ලීලාවෙන් වාඩිවෙලා සිටියා.

බෝසත් තලගොයා තුඹසින් එළියට ආවා. මේ කිසිවක් නොදන්න අපේ තාපසින්නාන්සේ බැහැ දකින්ට ඕනැය යන අදහසින් ටිකෙන් ටික ළං වෙද්දී තාපසයාගේ ඉරියව්වල වෙනදා නැති අමුත්තක් පෙනුනා.

"ම්.... අපේ තාපසින්නාන්සේ වෙනදා වගේ ම භාවනාවට වාඩිවෙලා නම් ඉන්නවා තමයි. නමුත් මං දිහා බලන ලීලාව නං එතරම් හොඳ නෑ. කෝකටත් මං මේ ගැන විමසා බලන්ට ඕනැ" කියලා තාපසයාගේ කයට වැදී ගෙන එන යටිසුළඟ පැත්තට ඇවිත් ඒ සුළඟින් ඉව ඇල්ලුවා. "ඕහෝ.... මුන්දෑ තලගොයි මාළු කාලා නොවැ ඇවිත් ඉන්නේ. දැන් ඔය ඉන්නේ රස තණ්හාවට ගිජු

වෙලයි. මං අද ළඟට එනකම් හිටලා මුගුරකින් ගහලා මාව මරාගෙන තලුමර මර මස් කන්ට ආසාවෙන් වගෙයි මුන්දෑ ඉන්නේ." මෙහෙම සිතලා තාපසයා ළඟට වෙනදා වාගේ නොගිහින් ටිකක් ඈතට වෙන්ට විපරමින් සිටියා.

එතකොට තාපසයා මෙහෙම හිතුවා. "හරි.... මේකාට ඉව වැටිලා වගෙයි. මං මරන්ට ඉන්න වග හැබෑට මේකාට තේරුණාවත් ද! නැත්නම් වෙනදාට කිසි බයක් සැකක් නැතිව අපූරුවට ළඟට එනවා නොවැ. ඒකට මොකොද... මේකා අද ආවත් නාවත් මගෙන් බේරීමක් කොයින් ද!" කියල කසාවත මෑත් කොට මුගුරින් තලගොයාට ගැහැව්වා. මුගුර වැදුනේ තලගොයාගේ නගුට ළඟට යි. තලගොයා වේගයෙන් කෑගසා මෙහෙම කිව්වා. "අරේ.... පට්ට කූට ජටිලයෝ.... මං මෙතෙක් දවස් තෝ ළඟට මහා භක්තියකින් ආවේ සිල්වතෙක් කියා සිතලයි.... මදෑ.... මං දූන් නොවැ දන්නේ තෝ මහා කුහකයෙක් කියලා. තෝ වගේ මහාසොරුත් පැවිදි වේශයෙන් ඉන්නවා නොවැ" කියල මේ ගාථාව කිව්වා.

අනේ මෝඩ තාපසයෝ මොකට ද තෝ
හැඩපලු ඇති ජටා බැඳන් පැවිදි වෙසින් ඉන්නේ
අඳුන් දිවි සමින් ඇයි තෝ සිරුර වසා ගන්නේ
සිත ඇතුලේ පිරුණු කෙලෙස් නොපෙනෙන්නට ද ඉන්නේ
තාපස වෙස් අරගෙන තෝ පිටතයි සරසන්නේ

එම්බල කූට ජටිලය, තෝ මේ වනාන්තරේ වාසය කිරීමෙන් ඇති ඵලය මොකක් ද? තෝ වහාම මෙතැනින් පලයං. නොගියොත් මං යන්ට කටයුතු සලස්සන්නම්"

කියලා බෝසත් තලගොයා තාපසයාට තර්ජනය කොට තුඹසට ගියා. තාපසයා ඒ කුටිය දාලා යන්ට ගියා.

මහණෙනි, එදා කූට තාපසයා වෙලා උන්නේ ඔය කුහක පුද්ගලයායි. කලින් සිටිය සිල්වත් තාපසයා අද අපගේ සාරිපුත්තයෝ. නුවණැති තලගොයාව සිටියේ මම"යි කියා භාග්‍යවතුන් වහන්සේ මේ ජාතකය නිමවා වදාළා.

09. උභතෝභට්ඨ ජාතකය

දේවදත්තගේ දෙපැත්තෙන් ම වැනසීම ගැන කථාව

පින්වතුනේ, පින්වත් දරුවනේ,

සසරේ ගමන් කරන සත්වයෙකුගේ සිතේ වෛරයක් ඇතිවීම මොනතරම් භයානක දෙයක් ද! දේවදත්තගේ සිතේ හටගත් වෛරය නිතරම තමන්ටත් අනුන්ටත් විනාශය ම කැඳෙව්වා.

අපගේ භාග්‍යවතුන් වහන්සේව වැනසීමේ කුමන්ත්‍රණයක් දේවදත්ත තුළ තිබුණ බව රජගහනුවර සිටිය ඇතැමුන්ට සිතාගන්ට බැරිවුණා. ඔවුන් දෙව්දත්ගේ පැත්ත ගත්තා. කලක් යද්දී ඔවුන්ට දෙව්දත්ගේ භයානක චරිතය තේරුම් ගන්ට පුළුවන් වුණා. එතකොට ඔවුන් දෙව්දත්ව අත්හැරියා. එතකොට දෙව්දත් ගුණධර්මයෙන්ගෙනුත් ලාභසත්කාරයන්ගෙනුත් දෙකින් ම පිරිහී ගියා.

ඒ දිනවල අපගේ භාග්‍යවතුන් වහන්සේ වැඩසිටියේ රජගහනුවර වේළුවනයේ. එදා දම්සභා මණ්ඩපයට රැස් වූ භික්ෂූන් වහන්සේලා දෙව්දත් ගැන කතා කරමින් සිටියා.

"බලන්ට ඇවැත්නි.... මිනී දමන සොහොන් පොලේ ඇති ගිනි පෙනෙල්ල දෙපැත්තෙන් ම පිච්චිලා. මැද්දේ

අසුචි. ඒ සොහොන් පෙනෙල්ල වනේ තිබුණත් වනේ දරකඩකට අයිති නෑ. ගමක තිබුණත් ගමේ දරකඩටත් අයිති නෑ. දේවදත්තටත් වුණේ ඒ වගේ දෙයක්. මෙබඳු මගඵල නිවන්සුව ලබා දෙන නෛර්යාණික බුදුසසුනක පැවිදි වෙලා අන්තිමේ පැවිද්දෙන් ලද යහපතකුත් නෑ. ගිහි කමත් නෑ.... අහෝ.... අසත්පුරුෂයෙකුගේ අභාග්‍යය!"

ඒ අවස්ථාවේ අපගේ භාග්‍යවතුන් වහන්සේ එතැනට වැඩම කොට වදාළා. භික්ෂූන් වහන්සේලා තමන් කතා කරමින් සිටි කරුණ භාග්‍යවතුන් වහන්සේට සැළකළා. භාග්‍යවතුන් වහන්සේ මෙය වදාළා. "මහණෙනි.... දේවදත්ත දෙපැත්තෙන් ම පිරිහුනේ මේ ආත්මේ විතරක් නොවෙයි. මීට කලිනුත් ඔය විදිහට ම පිරිහිලා තියෙනවා"

එතකොට භික්ෂූන් වහන්සේලා අතීත ආත්මයක දේවදත්තගේ වූ පිරිහීම ගැන කියාදෙන්ට කියා භාග්‍යවතුන් වහන්සේගෙන් ඉල්ලා සිටියා. භාග්‍යවතුන් වහන්සේ මේ ජාතකය වදාළා.

"මහණෙනි, ගොඩාක් ඉස්සර කාලෙක බරණැස්පුරේ බ්‍රහ්මදත්ත නම් රජ්ජුරු කෙනෙක් රාජ්‍ය කරමින් සිටියා. ඔය කාලේ බෝධිසත්වයෝ රුක් දෙවියෙක් වෙලා ඉපදිලා සිටියා. ඒ කාලේ එක්තරා ගමක මාළු බිලී බාන මිනිස්සු වාසය කළා. ඉතින් එක්තරා බිලී වැද්දෙක් බිලී කොක්කත් අරගෙන තමන්ගේ කුඩා පුතුත් සමග සාමාන්‍යයෙන් බිලී වැද්දන් මාළු බිලීබාන විලට ගොහින් මාළු අල්ලමින් සිටියා. මොහු බිලී කොක්කට ගොදුර අමුණා වතුරට දැම්මා. බිලී කොක්ක වතුරේ යටට බැහැලා එක්තරා ලී කොටයක ඇමිණුනා. බිලී වැද්දා බිලී

කොක්ක අදිනවා අදිනවා ඇදගන්ට බෑ. එතකොට මොහු හිතුවේ මහා විශාල මාළුවෙක්ව තම බිලී කොක්කේ ඇමුණුනා කියලයි. ඔහු මෙහෙම සිතුවා.

"ෂා.... හරි අගෙයි.... මහා විශාල මාළුවෙක් අද අහුවෙලා වගෙයි. දැන් එහෙනම් ඉස්සෙල්ලාම කරන්ට තියෙන්නේ පොඩි එකාව ගෙදර යවලා අම්මා ලවා දෙපැත්තේ ගෙවල්වල මිනිසුන් එක්ක රණ්ඩුවකට පටලවන එක. එතකොට මාළුවා ව කොටස්වලට බෙදන්ට ඕනෑකමක් නෑ නොවැ" කියල පුතාට මෙහෙම කිව්වා.

"කොල්ලෝ.... හනික ගෙදර ගොහින් අම්මාට කියාපං මහා මාළුවෙක් බිලී කොක්කට ඇමිණිලා ඉන්නවා කියල. දෙපැත්තේ ගෙවල්වලට මාළුවා බෙදන්ට වෙන නිසා කලියෙන් ම රණ්ඩුවකට පැටලෙන්ට කියාපං."

ඉතින් ළමයා ව ගෙදර යවලා බිලී කොක්ක ඇදගන්ට බැරිව බිලී කොක්කේ නූල කැඩෙයි කියා භය වුණා. උතුරු සළුව ගල උඩින් තිබ්බා. වතුරට බැස්සා. එකපාරට ම මාළුවාව අල්ලා ගන්ට ඕනෑ කියල අධික ලෝභකමින් ඇස් ඇරගෙන හිස තදින් පාත් කළා. එතැන තිබුණු කණුවල වැදිලා ඇස් දෙක ම අන්ධ වුණා. ගල උඩ තිබ්බ උතුරු සළුව හොරු අරගෙන ගියා. ඔහු ඇස් දෙක ම තුවාල වුණ වේදනාවෙන් අතකින් ඇස් වසාගෙන අමාරුවෙන් උඩට ආවා. ගල අතගාමින් සළුව සෙව්වා.

ඔහුගේ බිරිඳ රණ්ඩු අල්ලලා කාටවත් මාළු බෙදන්ට බැරිවෙන්ට එක් කනක තල් කොළයක් ඔතාගත්තා. එක ඇසක දැලි ගාගෙන බලු පැටියෙකුත් උකුලට අරගෙන අල්ලපු ගෙදරට ගියා. එතකොට ඒ ගෙදර හිටපු ගැහැණියක් මෙහෙම ඇහැව්වා. "හානේ....

මේ මක්වෙලා ද තිට හැබෑට.... ඈ... එක කනක තල් කොළයක් ඔතාගෙන. ඇසක දලි ගාගෙන. දරුවෙක් වගේ බලු කුක්කෙක් උකුලට ගෙන ගෙයින් ගෙට යන්නේ? මොකෝ.... තිට හැබෑට පිස්සුද මේ විකාර කරන්නේ?"

"ආ.... මට ද පිස්සු? හනේ.... නිකා හිටිං.... මට ද තී මෙහෙම ආක්‍රෝශ පරිභව කරන්නේ? හිටු මං තිට කරන දේ? මං තිට කහවණු අටක් දඩ ගස්සනවා" කියලා ගම්මුලාදෑනියට පැමිණිලි කළා. අනිත් මිනිස්සුත් ගම්මුලාදෑනියා ළඟට ගියා. රණ්ඩුව විසඳද්දී ඇයට දඬුවම් නියම වුණා. දඩ ගෙවන්ට සිද්ධ වුණා. එතකොට අනිත් මිනිස්සු ඇයට දඩ ගෙවාපිය කියල පහර දුන්නා. එතකොට රුක් දෙවියා ගමේ දී ඇයට වුණ ඇබැද්දියත් වනයේ දී සැමියට වූ ඇබැද්දියත් දකලා වෘක්ෂයේ අතු අතරේ පෙනී සිට "එම්බා පුරුෂය, තොපට ජලයේ කළයුතු වැඩෙත් වැරදුනා. ගොඩබිම වැඩෙත් වැරදුනා. තොප දෙපැත්තෙන් ම වැනසුණා" කියා මේ ගාථාව පැවසුවා.

අධික ලෝභ කමට ගොහින් දෑසත් වනසා ගත්තා
ගල උඩ තැබු උතුරු සළුව සොරෙක් ඇවිත් ඩැහැගත්තා
ගෙදර ගෑණි රණ්ඩු කරන් එයටත් දඩ කා ගත්තා
නපුරු කමින් කරපු දෙයින් දිය ගොඩ දෙක කා ගත්තා

මහණෙනි, එදා දිය ගොඩ දෙකින් ම නැසුන බිලී වැද්දා වෙලා සිටියේ දේවදත්ත. රුක් දෙවියා වෙලා සිටියේ මම"යි කියා භාග්‍යවතුන් වහන්සේ මේ ජාතකය වදාළා.

10. කාක ජාතකය
බෝසත් කපුටාගේ කථාව

පින්වතුනේ, පින්වත් දරුවනේ,

තමන්ගේ ජාතියට, තමන්ගේ වර්ගයාට විපතක් වෙන්ට යනවිට ජාති හිතෛෂි උතුමන් තම ජාතිය ඒ විපතින් බේරා ගන්නවා. මෙයත් එබඳු කතාවක්.

ඒ දවස්වල අපගේ භාග්‍යවතුන් වහන්සේ වැඩ සිටියේ සැවැත්නුවර ජේතවනයේ. මහා මිත්‍රද්‍රෝහියෙකු බවත් පත් වූ විඩූඩභ කුමාරයා කොසොල් රජු බලයෙන් පහකොට රාජ්‍ය බලය ලබා ගත්තා. ඔහුගේ ඊළඟ අරමුණ වුණේ තමන් කිඹුල්වත් නුවර ගිය වේලේ ශාක්‍යයන් තමන්ට අපහාස කළා යැයි ඇසූ කරුණට පළිගැනීමයි. මොහු තුන්වතාවක් ම ශාක්‍ය ජනපදය ආක්‍රමණය කරන්ට ගියා. ඒ තුන් වතාවේ ම භාග්‍යවතුන් වහන්සේ මැදිහත් වී තම ඤාති වර්ගයා මරණයෙන් ගලවා ගත්තා. නමුත් සතරවන වාරයේ දී භාග්‍යවතුන් වහන්සේ නිශ්ශබ්දව වැඩ සිටියා. මේ ශාක්‍ය පිරිස එක්තරා ආත්මයක දී නදියකට වස දමා මාළු දහස් ගණනක් මරා තියෙන බව දැක වදාළා. ඒ කර්ම විපාකය මතු වී ඇති බව දුටු භාග්‍යවතුන් වහන්සේ උපේක්ෂාවෙන් වැඩ සිටියා.

ශාක්‍ය සංහාරයෙන් පස්සේ දම්සභා මණ්ඩපයට රැස් වූ භික්ෂූන් වහන්සේලා භාග්‍යවතුන් වහන්සේ ඤාතීන්

කෙරෙහි අනුකම්පාවෙන් තුන් වරක් ම ශාක්‍යසංහාරය වළක්වන්ට උත්සාහ ගත් හැටි කතා කරමින් සිටියා. ඒ අවස්ථාවේ භාග්‍යවතුන් වහන්සේ එතැනට වැඩම කොට වදාළා. භික්ෂූන් වහන්සේලා තමන් කතා කරමින් සිටි කරුණ භාග්‍යවතුන් වහන්සේට සැලකළා. භාග්‍යවතුන් වහන්සේ මෙය වදාළා.

"මහණෙනි, තථාගතයෝ ඤාතීන් දුකට පත්වෙන අවස්ථාවේදී අනුකම්පාවෙන් ඔවුන්ගේ යහපත වෙනුවෙන් කටයුතු කර තිබෙන්නේ මේ ආත්මේ විතරක් නොවේ. මීට පෙර ආත්මවලදීත් තම ඤාතීන්ට විපත් වූ විට ඔවුන්ව බේරාගෙන තියෙනවා" කියා මේ ජාතකය වදාළා.

"මහණෙනි, ගොඩාක් ඉස්සර කාලෙක බරණැස්පුරේ බ්‍රහ්මදත්ත නමින් රජ්ජුරු කෙනෙක් රාජ්‍ය කරමින් සිටියා. ඔය කාලේ බෝධිසත්වයෝ කපුටු යෝනියේ ඉපදිලා උන්නා. ඔය කාලෙම දවසක් බරණැස් රජ්ජුරුවන්ගේ පුරෝහිත බ්‍රාහ්මණයා පිට නුවරට ගොසින් ගංගා නදියෙන් ස්නානය කළා. ගොඩට ඇවිත් ඇඟෙහි සුවඳ විලවුන් ගල්වා මල්මාලාවක් කරදමාගෙන උතුම් වස්ත්‍ර හැඳ නුවරට පිවිසියා. ඒ වෙලාවේ නගරයේ දොරටුවේ තොරණේ කපුටු දෙන්නෙක් වහලා උන්නා. ඔවුන්ගෙන් එක් කපුටෙක් අනිකාට මෙහෙම කිව්වා. "හැබෑට යාළුවේ.... මට නම් මේ බ්‍රාහ්මණයාගේ හිස මතට වසුරු බෙට්ටක් හෙළන්ට ම යි හිතෙන්නේ."

"හාපෝ.... ඔය වැඩේ විතරක් කරන්ට එපා! ඔය බමුණා අධිපතියෙක්. අධිපතියන් සමඟ වෛරයක් ඇති කරගත්තොත් භයානකයි. මේකා කිපුණොත් මුළු කපුටු

සංහතිය ම වනසා දමාවි."

"අනේ මට නම් මේ වැඩේ නොකර ඉන්ට බෑ."

"එහෙනම්.... නුඹට ම මේකේ විපාක දැක ගන්ට ලැබේවි" කියල අනිත් කපුටා ඉගිලී පලාගියා. අනිත් කපුටා තොරණ මත හිඳගෙන බලාන හිටියා. බ්‍රාහ්මණයා තොරණ යටින් යනකොට ම ඔහුගේ හිස මත කපුටු බෙට්ටක් හෙලුවා. බමුණා උඩ බැලුවා. කපුටාව දැක්කා. කපුටු සංහතිය කෙරෙහි වෛර බැඳ ගත්තා.

ඒ අවස්ථාවේ කුලියට වී කොටන එක්තරා දාසියක් පැදුරේ වී දමා වේලෙනකල් රකිමින් සිටියදී නින්දට වැටුණා. ඈ නින්දට වැටී ඇති බව දැකපු දිගුලොම් ඇති එළුවෙක් ඇවිත් වී කන්ට පටන් ගත්තා. දාසියට ඇහැරුණා. ඈ හනික උෟව එළවා ගත්තා. එළුවා දෙවනුවත් තෙවනුවත් ඇවිත් ඇය නිදි කිරද්දී වී කන්ට පටන් ගන්නවා. තුන්වෙනි වතාවෙත් එළුවා එළවා ගත් ඈ මෙහෙම සිතුවා. "මේකා ආයෙ ආයෙම ඇවිත් වී කද්දී භාගයක් ම කා දමාපි. මට යි මේකෙන් ගොඩාක් පාඩු වෙන්නේ. හොඳයිකෝ.... මං උෟට ආයෙමත් නො එන්ට වැඩේ කරන්නම්" කියලා ගිනි පෙනෙල්ලක් අතේ තියාගෙන නිදිකිරනවා වගේ හිටියා. එතකොට එළුවත් වී කන්ට ආවා. එතකොට ඈ ගිනි පෙනෙල්ලෙන් උෟට ගැහැව්වා. එය වැදුනු විට එළුවාගේ ලොම්වලට ගිනි ඇවිලුනා. එතකොට එළුවා ගින්න නිවා ගන්ට සිතලා දුවලා ගිහින් ඇත් හල ළඟ තිබුණු පිදුරු කුටියක සිරුර ඇතිල්ලුවා. කුටියත් ගිනි ගත්තා. එයින් නැගුනු ගිනි දැලින් ඇත්හලට ගිනි ඇවිලුනා. ඇත්තුන්ගේ පිට මත ගින්න වැටුණා. බොහෝ ඇත්තුන්ගේ පිටේ දියපට්ටා

දැම්මා. වෙද්දුන්ට ඇත්තුන් ව සුවපත් කරන්ට නොහැකිව රජ්ජුරුවන්ට දැනුම් දුන්නා.

රජ්ජුරුවෝ පුරෝහිතයා කැඳෙව්වා. "ආචාර්යපාදයෙනි, හරි වැඩේ නොවැ වුණේ.... වෙද්දුන්ට ඇත්තුන් සුවපත් කොරන්ට අමාරුයි කියනවා. මොකවත් බෙහෙතක් ගැන දන්නේ නැද්ද?"

"දන්නවා රජතුමනි" "ඒකට මොනාද ලැබෙන්ට ඕනෑ?" "මහරජතුමනි, ඒකට කපුටන්ගේ තෙල්මන්ද ඕනෑ."

එතකොට රජ්ජුරුවෝ "කපුටන් මරා උන්ගේ තෙල්මන්ද අරගෙන එව්" කියා ආඥාවක් නිකුත් කළා. එතැන් පටන් කපුටන්ව මරා උන්ගේ තෙල්මන්ද ලබා ගන්ට බැරිව තැන් තැන්වල ගොඩ ගහලා තිබුණා. කපුටන්ට මහා භයක් හටගත්තා.

ඔය කාලේ බෝධිසත්වයෝ අසූදහසක කපුටු පිරිවර ඇතිව මහා සුසාන වනාන්තරේ වාසය කළේ. එක් කපුටෙක් ගොහින් කපුටන්ට සිදු වූ විපැත්තිය ගැන බෝධිසත්වයන්ට කියා හිටියා. බෝධිසත්වයෝ මෙහෙම සිතුවා. "මං විනා මගේ ඤාති වර්ගයාට සිදු වූ මේ විපත දුරු කරන්ට ඇහැක් වෙන කෙනෙක් නෑ. මං ඤාතීන්ට වූ මේ භය දුරු කරන්ට ඕනෑ" කියල දස පාරමී ධර්මයන් ආවර්ජනා කළා. මෛත්‍රී පාරමිතාව පෙරටු කොට ගත්තා. එක් හුස්මට වේගයෙන් පියාඹාගෙන ඇවිත් මාළිගාවේ ජනේලයෙන් ඇතුළට වැදී කෙලින් ම රජ්ජුරුවන්ගේ ආසනේ යටට ගියා. එතකොට කපුටා අල්ලගන්ට මිනිහෙක් එන්ට හැදුවා.

"නෑ.... පිහිටක් සොයාගෙන නොවැ ඌ ආවේ. ඌව අල්ලන්ට එපා" කියලා රජ්ජුරුවෝ ඒ මිනිසාව වැළැක්කුවා.

එතකොට කපුටා මහන්සි නිවාගෙන මෛත්‍රී පාරමිතාව ආවර්ජනය කොට ආසනය යටින් එළියට ආවා. රජ්ජුරුවන් ඉදිරියේ සිට මෙහෙම කිව්වා. "මහරජ්ජුරුවන් වහන්ස, රජෙක් වුණාම සතර අගතියට නොවැටී රාජ්‍ය කරන එකයි යුතුකොම. යම් යම් වැඩක් කරනවා නම් ඒ සෑම දෙයක් ම හොඳින් විමසා බලා කරන්ට නොවැ වටින්නේ. යමක් කරනවිට එයින් අපේක්ෂිත යහපත වෙනවා නම් ඒකයි කරන්ට වටින්නේ. වෙන දෙයක් නොවේ. ඉදින් රාජාඥාවෙන් කරන දෙයකින් යහපතක් සිදු නොවී මහජනයාට මරණ භයින් කෙළවර වෙනවා නම් එබඳු මහා භයක් දැන් ඉපදිලා තියෙනවා. ඔබවහන්සේගේ පුරෝහිත තැන තිකරුණේ අප කෙරෙහි වෛර බැඳගෙන කපුටන්ගේ මේදතෙල ඕනෑ කියල මහා මුසාවක් කිව්වා. මහරජ්ජුරුවෙනි, කපුටන්ගේ මේදතෙලක් නෑ."

රජ්ජුරුවන්ගේ සිත පැහැදුනා. බෝධිසත්වයන් ව රන් පීඨිකාවක වාඩි කෙරෙව්වා. අත්තටුවල සිනිඳු ගිතෙල් ගැල්ලුවා. රන් තැටියක මිහිරි බොජුන් කන්ට දුන්නා. පැන් බොන්ට දුන්නා.

"නුවණැති කපුටාණෙනි, ඔබ කියනවා කපුටන්ට මේදතෙලක් නෑ කියල. ඒකට හේතුව මොකක් ද?"

එතකොට බෝධිසත් කපුටා මේ ගාථාව පැවසුවා.

නිතර නිතර භයට පත්ව
ගැහෙන හදින් ඉන්න සතෙකි කපුට කියන්නේ

මෙලොව සිටින හැම කෙනෙක් ම
කපුටන් හට වෙහෙසක් ම යි නිතර කරන්නේ
මේ කියනා කරුණු නිසා
කපුටන්හට මේදතෙලක් නැත පිහිටන්නේ
එනිසා මහරජුනි අනේ
ඤාතින් වන කපුටන් හට සෙත සලසන්නේ

රජතුමා හොඳටෝ ම පැහැදිලා බෝසත් කපුටා ව රාජ්‍යයෙන් පිදුවා. බෝධිසත්වයෝ රජතුමාට ම රාජ්‍ය භාරදීලා රජ්ජුරුවන්ව පන්සිල් හි පිහිටෙව්වා. රජතුමා සියලු සත්වයන්ට අභය දානය දුන්නා. කපුටන්ට දන් වැටක් පිහිටෙව්වා. දිනපතා නොයෙක් රස දමන ලද බත් පිස කපුටන්ට දන් දුන්නා. බෝසත් කපුටාට රාජ භෝජන ම දුන්නා.

මහණෙනි, එදා බරණැස් රජතුමා ව සිටියේ අපගේ ආනන්දයෝ. කපුටු රාජයා වෙලා සිටියේ මම”යි කියා භාග්‍යවතුන් වහන්සේ මේ ජාතකය නිමවා වදාළා.

දාහතරවන අසම්පදාන වර්ගය නිමා විය.

මහාමේඝ ප්‍රකාශන

- **ත්‍රිපිටක පොත් වහන්සේලා :**

01. **දීඝ නිකාය 1 කොටස**
    (සීලක්ඛන්ධ වර්ගය)
02. **දීඝ නිකාය 2 කොටස**
    (මහා වර්ගය)
03. **දීඝ නිකාය 3 කොටස**
    (පාථික වර්ගය)
04. **මජ්ඣිම නිකාය 1 කොටස**
    (මූල පණ්ණාසකය)
05. **මජ්ඣිම නිකාය 2 කොටස**
    (මජ්ඣිම පණ්ණාසකය)
06. **මජ්ඣිම නිකාය 3 කොටස**
    (උපරි පණ්ණාසකය)
07. **සංයුත්ත නිකාය 1 කොටස**
    (සගාථ වර්ගය)
08. **සංයුත්ත නිකාය 2 කොටස**
    (නිදාන වර්ගය)
09. **සංයුත්ත නිකාය 3 කොටස**
    (ඛන්ධක වර්ගය)
10. **සංයුත්ත නිකාය 4 කොටස**
    (සළායතන වර්ගය)
11. **සංයුත්ත නිකාය 5 කොටස**
    (මහා වර්ගය - 1)
12. **සංයුත්ත නිකාය 5 කොටස**
    (මහා වර්ගය - 2)
13. **අංගුත්තර නිකාය 1 කොටස**
    (ඒකක, දුක, තික නිපාත)
14. **අංගුත්තර නිකාය 2 කොටස**
    (චතුක්ක නිපාත)
15. **අංගුත්තර නිකාය 3 කොටස**
    (පඤ්චක නිපාත)
16. **අංගුත්තර නිකාය 4 කොටස**
    (ඡක්ක, සත්තක නිපාත)
17. **අංගුත්තර නිකාය 5 කොටස**
    (අට්ඨක, නවක නිපාත)
18. **අංගුත්තර නිකාය 6 කොටස**
    (දසක, ඒකාදසක නිපාත)
19. **ඛුද්දක නිකාය 1 කොටස**
    (ඛුද්දකපාඨ පාළි, ධම්මපද පාළි, උදාන පාළි, ඉතිවුත්තක පාළි)
20. **ඛුද්දක නිකාය 2 කොටස**
    (විමාන වත්ථු , ප්‍රේත වත්ථු)

- **ධර්ම දේශනා ග්‍රන්ථ :**

01. කියන්නම් සෙනෙහසින් මිය නොයන් හිස් අතින්
02. තෝරාගනිමු සැබෑ නායකත්වය
03. පැහැදිලි ලෙස පිරිසිදු ලෙස දෙසූ සේක සිරි සදහම්
04. දම් දියෙන් පණ දෙව් විමන් සැප
05. බුදුවරුන්ගේ නගරය
06. සයුර මැද දූපතක් වේ ද ඔබ...?
07. ගිහි ගෙයි ඔබ ඇයි?
08. මෙන්න නියම දේවදූතයා
09. ආදරණීය වදකයා
10. සයුරේ අසිරිය ධර්මයේ
11. විෂ නසන ඔසු
12. සසරක ගමන නවතන නුවණ
13. විස්මිත හෙළිදරව්ව
14. දිළිසෙන සියල්ල රත්තරන් නොවේ
15. අනතුරින් අත්මිදෙන්නට නම්...
16. අතරමං නොවීමට...
17. සුන්දර ගමනක් යමු
18. කවදා නම් අපි නිදහස් වෙමුද?
19. ලෙඩ දුක් වලින් අත්මිදෙමු
20. ලෝකය හැදෙන හැටි
21. යුද්ධයේ සුළමුල
22. රහතන් වහන්සේ මරණින් මතු ඇත නැත
23. නුවණැස පාදන සිරි සදහම්
24. මරණය ඉදිරියේ අසරණ නොවීමට නම්
25. අපේ නව වසර බුද්ධ වර්ෂයයි
26. හේතුවක් නිසා
27. අවබෝධ කළ යුතු ධර්මය මෙයයි
28. සැබෑ බිරිඳ කවුද?
29. පහන් සිළ නිවෙන ලෙස පිරිනිවී වැඩි සේක
30. සසරට බැදෙමුද සසරින් මිදෙමුද?
31. රහතුන්ගේ ධර්ම සාකච්ඡා
32. සැබෑ දියුණුවේ රන් දොරටුව
33. බලන් පුරවරක අසිරිය
34. මමත් සිත සමාහිත කරමි බුදු සමිඳුනේ...
35. එළිය විහිදෙන නුවණ
36. සැබෑ ශ්‍රාවකයා ඔබද?

37. අසිරිමත් ය ඒ භාග්‍යවතාණෝ...
38. නුවණැත්තෙක් වෙන්නට නම්
39. බුද්ධියේ හිරු කිරණ
40. නිවන්නට භව ගිමන් දෙසූ සදහම් ගිමන්
41. ඒ භාග්‍යවතුන් වහන්සේගේ ශ්‍රාවකයා වෙමි මම
42. සසරක රහස
43. නුවණින් ලොව එළිය කරනා මහා ඉසිවරයාණෝ
44. ස්වර්ණමාලී මහා සෑ වන්දනාව
45. සොඳුරු හුදෙකලාව
46. මග හොඳට තිබේ නම්...
47. මගේ ලොව හිරු මඬල ඔබයි බුදු සමිඳුනේ
48. නුවණැත්තන් හට මෙලොවේ - දකින්ට පුළුවනි සදහම්
49. සිත සනසන අමා දහම්
50. අසිරිමත් සම්බුදු නුවණ
51. ගෞතම සසුනේ පිහිට ලබන්නට...
52. බුදුරජාණන් වහන්සේ කුමක් වදාළ සේක්ද?
53. පින සහ අවබෝධය
54. සැබෑ බසින් මෙම සෙත සැලසේවා !
55. සැපයක්ය එය නුඹට - සැනසෙන්න මෙත් සිතින්
56. අසත්‍යයෙන් සත්‍යයට...
57. කවුරුද ලොව දැකගත්තේ - ඒ සම්බුදු සිරි සදහම්
58. පිරිනිවුණි ඒ රහත් මුනිවරු
59. බාධා ජයගත් මගමයි යහපත්
60. භව පැවැත්මේ සැබෑ ස්වභාවය
61. සුගතියට යන සැලැස්මක්
62. බුදුමුවින් ගලා ආ - මිහිරි දම් අමා දුන්
63. යළි යුගයක් ආවා ලොව සම්බුදු
64. පිනක මහිම
65. බුදු නෙතින් දුටු හෙට දවසේ ලෝකය
66. ජීවිතය දකින කැඩපත ධර්මයයි
67. අකාලික මුනි දහම
68. නිවී පහන් වී සිත් සැනසේවා
69. සුසුමක විමසුම නිවනක ඇරඹුම
70. පිනෙන් පිරුණු සොඳුරු ජීවිතයක්
71. අසිරිමත් දම් රස අමාවන්
72. ලොව දමනය කළ මුනිඳාණෝ
73. නැසෙන වැනසෙන පිනිබිඳුව
74. ගෞතම මුනිඳු මගෙ හිරු සඳු වන සේක
75. දහම් ඇස පහළ විය
76. ශ්‍රේෂ්ඨත්වය සොයා යාම
77. ලෝකයෙන් නිදහස් වීම
78. නුවණැත්තා සිත ඍජු කරයි
79. සිත සනසන බුදුබණ වැටහේවා!

- **සදහම් ග්‍රන්ථ :**

01. පිරුවානා පොත් වහන්සේ
02. ඔබේ සිත සමඟ පිළිසඳරක්
03. සිතට සුවදෙන භාවනා
04. පින් මතුවෙන වන්දනා
05. ශ්‍රී සම්බුද්ධත්ව වන්දනා
06. සිරි ගෞතම බෝධි වන්දනාව
07. අසිරිමත් පසේබුදු පෙළහර
08. අනේ..! අපේ කථාවත් අහන්න...
09. ධාතුවංශය
10. නුවණැතියන් සද්ධර්මයට පමුණුවන අසිරිමත් පොත් වහන්සේ - නෙත්තිප්පකරණය
11. මහාවංශය

- **ජාතක කථා පොත් පෙළ :**

01. නුවණ වැඩෙන බෝසත් කථා 1
02. නුවණ වැඩෙන බෝසත් කථා 2
03. නුවණ වැඩෙන බෝසත් කථා 3
04. නුවණ වැඩෙන බෝසත් කථා 4
05. නුවණ වැඩෙන බෝසත් කථා 5
06. නුවණ වැඩෙන බෝසත් කථා 6
07. නුවණ වැඩෙන බෝසත් කථා 7
08. නුවණ වැඩෙන බෝසත් කථා 8
09. නුවණ වැඩෙන බෝසත් කථා 9
10. නුවණ වැඩෙන බෝසත් කථා 10
11. නුවණ වැඩෙන බෝසත් කථා 11
12. නුවණ වැඩෙන බෝසත් කථා 12
13. නුවණ වැඩෙන බෝසත් කථා 13

- **අලුත් සදහම් වැඩසටහන :**

01. දුක් බිය නැති ජීවිතයක්
02. දස තථාගත බල
03. දෙව්ලොව උපත රැකවරණයකි
04. නුවණ වැඩීමට පිළියමක්
05. ලොවෙහි එකම සරණ
06. මෙන්න දුකේ රහස
07. නුවණ ලැබීමට මුල් වන දේ
08. නිවැරදි ලෙස දහම දැකීම

09. මොකක්ද මේ ක්ෂණ සම්පත්තිය?
10. පඤ්ච උපාදානස්කන්ධය
11. ප්‍රඥාවමයි උතුම්
12. නුවණින් විමසීම අපතේ නොයයි
13. පිහිටක් තියෙනවා ම යි
14. කොහොමද පිහිට ලැබගන්නේ...?
15. බුදු නුවණින් පිහිට ලබමු
16. අසිරිමත් දහම් සාකච්ඡා
17. දිව්‍ය සභාවක අසිරිය
18. ආර්ය ශ්‍රාවකයාගේ අවබෝධය
19. අසිරිමත් මහාකරුණාව!
20. විස්මිත පුහුණුව

• සදහම් සිතුවම් පොත් පෙළ :

01. ඡත්ත මාණවක
02. බාහිය දාරුචීරිය මහරහතන් වහන්සේ
03. පිණ්ඩෝල භාරද්වාජ මහරහතන් වහන්සේ
04. සුමන සාමණේර
05. අම්බපාලී මහරහත් තෙරණියෝ
06. රට්ඨපාල මහරහතන් වහන්සේ
07. සක්කාර නුවර මසුරු කෝසිය
08. කිසාගෝතමී
09. උරුවේල කාශ්‍යප මහරහතන් වහන්සේ
10. සංකිච්ච මහරහතන් වහන්සේ
11. සුප්පබුද්ධ කුෂ්ඨ රෝගියා
12. නිවී ගිය සේක බුද්ධ දිවාකරයාණෝ
13. සුමන මල් වෙළෙන්දා
14. කාලි යක්ෂණිය
15. මුගලන් මහරහතන් වහන්සේ
16. ලාජා දෙවඟන
17. ආයුවඩ්ඪන කුමාරයා
18. සන්තති ඇමති
19. මහධන සිටුපුත්‍රයා
20. අනේපිඬු සිටුතුමා
21. නන්ද මහරහතන් වහන්සේ
22. මණිකාර කුළුපග තිස්ස තෙරණුවෝ
23. විශාඛා මහෝපාසිකාව
24. පතිපූජිකාව
25. සිරිගුත්ත සහ ගරහදින්න
26. මහාකස්සප මහරහතන් වහන්සේ
27. අහෝ දෙව්දත් නොදිටි මොක්පුර
28. භාගිනෙය්‍ය සංඝරක්ඛිත මහරහතන් වහන්සේ
29. උදලු කෙටිය
30. සාමාවතී සහ මාගන්දියා
31. සිරිමා
32. බිළාලපාදක සිටුතුමා
33. මඝවා නම් වූ සක්දෙවිඳු
34. ආනන්දය, සර්පයා දුටුවෙහි ද?

• ඉංග්‍රීසි භාෂාවට පරිවර්තනය වී ඇති ධර්ම දේශනා ග්‍රන්ථ :

01. Mahamevnawa Pali-English ParittA Chanting Book
02. The Wise Shall Realize
03. The life of Buddha for children

• ඉංග්‍රීසි භාෂාවට පරිවර්තනය වී ඇති සූත්‍ර දේශනා ග්‍රන්ථ :

01. Stories of Ghosts
02. Stories of Heavenly Mansions
03. Stories of Sakka, Lord of Gods
04. Stories of Brahmas
05. The Voice of Enlightened Monks
06. The Voice of Enlightened Nuns
07. What Does the Buddha Really Teach? (Dhammapada)

• ඉංග්‍රීසි භාෂාවට පරිවර්තනය වී ඇති සදහම් සිතුවම් පොත් :

01. Chaththa Manawaka
02. The Great Arhant Bahiya Darucheeriya
03. The Great Arhant Pindola Bharadvaja
04. Sumana the Novice monk
05. The Great Arahath Bikkhuni Ambapali
06. The Great Arahant RattApala
07. Stingy Kosiya of Town Sakkara
08. Kisagothami
09. Sumana The Florist
10. Kali She-devil
11. Ayuwaddana Kumaraya
12. The Banker Anathapindika
13. The Great Disciple Visākhā
14. Siriguththa and Garahadinna

පූජ්‍ය කිරිබත්ගොඩ ඤාණානන්ද ස්වාමීන් වහන්සේ විසින් රචිත
සියලුම සදහම් ග්‍රන්ථ සහ ධර්ම දේශනා ලබාගැනීමට

ත්‍රිපිටක සදහම් පොත් මැදුර

අංක 70/A/7/OB, YMBA ගොඩනැගිල්ල, බොරැල්ල, කොළඹ 08
දුර : 077 47 47 161 / 011 425 59 87
ඊ-මේල් : thripitAkasadahambooks@gmail.com

www.ingramcontent.com/pod-product-compliance
Lightning Source LLC
Chambersburg PA
CBHW060705030426
42337CB00017B/2768